KB214951

별들을 위한 노래

신앙 에세이 1

별들을 위한 노래

초판 1쇄 | 2011년 6월 30일
개정 1판 | 2022년 10월 17일
지 은 이 | 강현복 목사
펴 낸 이 | 장문영

펴 낸 곳 | 도서출판 R&F
등   록 | 제 2011-03호(2011.02.18)
주   소 | 경북 경산시 하양읍 대학로 298길 20-9(하양롯데아파트) 110동 2003호
전   화 | 054.251.8760 / 010.4056.6328
이 메 일 | k-calvin@hanmail.net
디 자 인 | 김진희, 박경은, 이은지, 정영광

ISBN 979-11-975069-2-5
값 11,000원

_잘못된 책은 바꾸어 드립니다.
_(사)세종대왕기념사업회에서 개발한 문체부바탕체를 사용하였습니다.

𝓡&𝓕(Reformed and Faith)는 종교개혁의 유산을 이어받아 개혁신앙을 바탕으로
이 땅의 교회가 바르고 건강하게 세워져 가기를 소망합니다.

별들을 위한 노래

강현복 목사

RnF

서문 • 8

I. 행복한 교회를 꿈꾸며

II. 하늘백성의 사귐

Ⅲ. 말씀과 더불어 살기

Ⅳ. 하늘백성의 삶

교회와 성도의 삶에 대한 작은 성찰

〈별들을 위한 노래〉라는 제목으로 처음 책이 출간된 지 벌써 11년이 지났습니다. 별들을 위한 노래라는 제목을 저의 첫 작품에 꼭 붙이고 싶었습니다. 성경에서 별들은 하나님께서 창조하신 피조물입니다. 동시에 하나님의 뜻이 점차 넓어지면서 별들은 나라의 주권자들이나 지도자들을 의미하는 상징물이기도 합니다. "지혜 있는 자는 궁창의 빛과 같이 빛날 것이요 많은 사람을 옳은 데로 돌아오게 한 자는 별과 같이 영원토록 비취리라"는 다니엘 12:3 말씀을 굳이 말하지 않아도 될 듯합니다. 동시에 별들은 거룩한 성도들입니다.

저는 바로 그 성도들, 나의 양 무리들을 생각하며 이 글을 썼습니다. 투박하고 서툰 글을 읽고 사랑의 표를 해준 성도들에게 감사드립니다. 11년이 지난 지금, 부득이 두 번째 인쇄 작업을 하게 되었습니다. 저에겐 과분한 사랑입니다. 돌이켜 보면, 그다지 좋은 교회를 세우지도 못했고 내어 놓을 만한 것들이 없는 시골 변방의 작은 교회에 매인 목사가 쓴 글이 다시 독자들을 찾아 인쇄 된다는 것이 감사할 따름입니다.

처음 샘터교회를 개척할 때 30대 후반이었는데 벌써 50대 후반이 되었습니다. 처음 신학을 하겠다고 결심한 때가 늘 지워지지 않는 상처처럼 불현 듯 가슴 한쪽을 아리게 합니다. 성경에 가까운 교회를 세워야 한다는 철없는 용기가 신학을 공부하고 목회 현장에서 목사로 사역을 시작하면서 점점 사라지는 경험을 했습니다. 성경이 말하는 좋은 교회는 아무나 할 수 있는 것도 아니요 오직 하나님의 은혜가 아니면 불가능함을 나이가 들수록 확신합니다.

바로 그러한 세월에 볼품없는 글 솜씨로 쓴 단편들이 책이 되었습니다. 지금 읽어보면 근사한 것은 고사하고 다듬고 교정해야 될 생각들이 여러 곳임을 절감합니다. 그럼에도 불구하고 이 글들은 나의 역사이며 우리 샘터교회의 역사입니다.

교회를 개척하고 성도들이 하나 둘 모이면서 교회는 무엇이며 교회생활이라는 것은 어떠해야 하는지 가르쳤습니다. 세상은 어떻게 보아야 하고 그 속에 살아가는 성도의 삶은 어떠해야 하는지를 고민했습니다. 그 결과물이 바로 이 책입니다. 지금도 우리 교회는 새로운 신자들에게 이 책을 선물하면서 여러 번 읽기를 권합니다. 그것이 가장 빠르게 샘터교회를 이해하는 길이기에 그렇습니다. 좋은 교회, 성경적인 교회를 꿈꾸고 건설하려는 열망이 한편 한편의 글에 스며 있습니다. 비록 아름답지 못한 문장들의 나열임에도 불구하고.

나의 친한 친구이자 동역자인 한 목사님은 항상 이 책을 여러 성도들에게 추천하면서 매번 반복적으로 하는 말이 있습니다. "개혁주의 교회에서 생활한다는 것, 개혁주의 교회를 세운다는 것이 무엇인지 알 수 있습니다.""개혁주의 교회론에 대한 이론서가 아니라 삶으로 살아내어야 할 교회생활이라는 것이 무엇인지 알려 줍니다."

저는 그 친구의 소개에 늘 감사를 전합니다. 그러한 글들이 있기는 하지만 과분한 칭찬입니다. 그래도 작은 소망 하나는 늘 간직하며 살려 합니다. 개혁주의를 외치며 온갖 사람들을 재단(裁斷)하는 칼을 든 신자들이 아니라 자신을 향하여 말씀의 검을 드는 신자들이 제 책을 읽기를 바랍니다. 샘터교회와 같은 교회가 세워지길 열망합니다.

선생님들이 많이 생각납니다. 도무지 따라갈 수 없는 강의로 개혁신학의 진수가 무엇인지 보여주신 유해무 교수님, 카랑카랑한 목소리로 설교 중에도 본인의 히브리어 교재 섹션 몇 번이라고 말씀하시던 신득일 교수님, 이제는 주님의 품에서 안식을 누리시는 허순길 교수님. 이 분들에게 입은 은혜가 큽니다. 특별히 마지막 주님 품에 가시기 몇 달 전, 해운대에서 함께 일식을 먹으며 우둔한 제자들을 향하여 교회를 염려하시던 허 교수님의 당부는 잊을 수 없는 가르침이 되었습니다.

샘터교회 출판 위원들의 수고도 잊을 수 없습니다. 출판위원회 전체를 책임지시는 이미향 성도, 김진희, 박경은, 송창익, 이은지, 정영광 성도. 이들의 노고가 이 책을 탄생시켰습니다. 도서출판 R&F의 장문영 성도에게도 감사드립니다. 무엇보다 샘터교회는 나를 만든 장본인들입니다. 바로 이들이 나의 별들이고 나의 사랑입니다.

2022년 10월

행
복
한

교
회
를

꿈
꾸
며

목회 성공과
능력 있는 목사

임시 노회(老會)에 다녀왔습니다. 목사님 한 분이 교회를 사임하는 것이 주요 안건이었습니다. 우리 이웃교회에 부임하셔서 1년 7개월 동안 열심히 사역하신 분입니다. 그 목사님과 함께 노회 장(場)으로 가는 차 안에서 여러 가지 이야기를 주고받았습니다.

부임하신 지 얼마 되지 않았기 때문에 교회를 사임하시는 이유를 물었습니다. 목사님께서는 자세히 말씀하시지는 않고 "그냥 쉬고 싶어요."라고 하셨습니다. 그러면서 자신은 능력 없는 목사인가 보다 하시며 한탄과 원망, 아쉬움이 섞인 말씀을 하셨습니다.

그분께서 목회하신 교회는 수년 전 시내의 큰 교회로부

터 분리 개척하였습니다. 그래서 그 교회로부터 목사님의 생활비와 개척한 교회가 필요로 하는 여러 가지 도움을 많이 받고 있었습니다. 그리고 시내의 그 큰 교회 목사님께서 가끔 교회의 형편을 묻기도 하고 약간의 부담 섞인 질책도 하신다고 하셨습니다. 흔히 있는 일이라 저는 아무렇지도 않게 받아들였습니다.

그런데 이어지는 말씀을 듣고는 무척 염려되었습니다. 일반적으로 목사가 교회를 사임하면 다른 교회로 임지를 옮깁니다. 그 목사님은 다른 사역지가 없는데도 사임하신다고 하셨습니다. 저는 몹시 걱정스러운 마음으로 다른 사역지 없이 사임하시게 된 이유를 물었습니다. 그러자 목사님께서 자신의 사임과는 관련이 없는 다른 말씀을 해주셨습니다.

이곳 교회로 부임했던 초기에 이 교회를 개척한 시내의 큰 교회 목사님께서 "1년 안에 무엇인가 수(數)적 성장이 이루어지지 않으면, 그 목사는 비전(vision)이 없는 것이다."라고 하셨다는 것입니다. 그러면서 그 목사님의 말씀이 항상 마음에서 떠나지 않았다고 했습니다.

교회가 수적으로 성장하는 것은 좋은 일입니다. 그러나 그것이 목회자의 능력을 평가하는 잣대가 되어서는 안 됩니다. 많은 사람들이 교회성장의 요인을 다양하게 설명합니다. 특별히 우리나라 교회의 성장은 많은 연구의 대상이 되기도 합니다. 한국교회의 이러한 성장에 대한 성경적 평가는 매우 간단합니다. 교회의 성도가 늘어나는 이유는 성령께서 자기 백성을 불러 모으시기 때문입니다. 이것이 가장 분명한 대답입니다.

바울이 복음 전파를 위해 세계 방방곡곡을 다닐 때를 기록한 사도행전을 보면, 이 사실을 분명히 알 수 있습니다. 바울이 고린도에 이르렀을 때에 성령님께서는 "두려워하지 말며 잠잠하지 말고 말하라 내가 너와 함께 있으매 아무 사람도 너를 대적하여 해롭게 할 자가 없을 것이니 이는 이 성중에 내 백성이 많음이라 하시더라"(행 18:9~10)고 했습니다. 그래서 바울은 1년 6개월을 고린도에서 복음을 전했습니다.

예수님께서도 "나를 보내신 아버지께서 이끌지 아니하면 아무라도 내게 올 수 없으니"(요 6:44)라고 했습니다. 하나님께서 이끄시는 자, 그 사람이 바로 택함 받은 사람입니다. 그러므로 교회 성도들의 숫자가 늘어나는 것은 목회자의 능력이 아니라 '성령의 능력'입니다.

우리가 믿는 바대로 교회는 하나님의 부르심에 응답한

자들이 오는 곳입니다. 이런 측면에서 본다면, 하나님께서 그 백성을 부르시지 않으면 교회는 한 영혼도 구원에 이르게 할 수 없습니다. 단순한 수적 성장이 목회자의 능력을 평가하는 잣대가 아닙니다. 하나님께서 부르시지 않았는데 목사가 사람을 불러 교회로 만들었다면 그 목회는 가짜입니다.

목사가 아무것도 하지 않고 가만히 있는 것 또한 옳지 않습니다. 늘 때를 따라 하나님의 복음을 전하는 사명을 충실하게 감당해야 합니다. 그것이 목사의 사명입니다. 그 다음은 하나님께 맡기는 것이 목사의 태도입니다.

이삿짐을 싸야겠다는 목사님의 음성이 저를 참 우울하게 만듭니다. 무엇이 목회의 성공이며 능력 있는 목사인지, 다시 한 번 곰곰이 생각해봅니다.

교회,
그 아름다움의 기초

교회는 사람들의 노력과 협력으로 이루어지지 않습니다. 더욱이 많은 물질, 곧 돈으로 세워지고 부흥하는 단체도 아닙니다. 그렇다고 해서 인간적인 친분관계가 교회를 세우는 초석도 아닙니다.

지각 있는 대부분의 그리스도인은 "물론이죠."라고 말합니다. 그러나 정작 "그럼 교회는 무엇으로 세워지는가요?"라고 물으면 그 대답은 다양하게 등장합니다. 물론 아무 생각 없이 교회를 왔다 갔다 하는 사람들에게서는 별 희한한 대답들이 나오겠지요.

많은 사람들이 지금의 한국교회가 중요한 기로에 서 있다고 합니다. 세상의 조롱과 비웃음의 대상으로 남을 것인가? 아니면 세상 가운데서 빛과 소금으로 남을 것인가? 물론 교회가 세상으로부터 조롱과 비웃음을 받는 것이 모두 나쁜 것은 아닙니다.

세상의 속성은 교회의 원리와 정면으로 배치되기 때문에 세상은 항상 교회를 향하여 끝없이 도전합니다. 그러나 이러한 조롱과 도전이 아닌 교회가 교회로서 그 기능을 다하지 못할 때에 받는 비웃음이라면 이는 심각하게 생각해야 할 문제입니다. 예를 들면, 가장 정직해야 할 교회의 직분자들이 각종 뇌물수수 사건과 비리의 주범으로 알려질 때가 바로 그러합니다.

교회가 중요한 기로에 서 있다는 것은 교회의 배교가 대단히 심각하다는 것을 말합니다. 교회가 그 본질을 이미 잃어가고 있다는 것이며 더는 스스로 회복할 수 없는, 자정능력을 상실해가는 지경이라는 말입니다.

이러한 시대 속에 우리는 또다시 한 교회로 서가려합니다. 이것은 우리의 이름을 내기 위함도 아니요, 타락해가는 교회와 우리 교회는 다르다는 우월감을 드러내기 위함도 아닙니다. 어쩌면 우리 교회도 타락의 양상이 눈에 잘 보이지 않을 뿐, 우리 각자의 삶 속에 짙게 배어 있을 수 있음을 알아야 합니다.

바울 사도는 "선 줄로 생각하는 자는 넘어질까 조심하라"(고전 10:12)라고 합니다. 이 말씀은 구약의 언약 백성이 하나님을 떠날 때에 받은 여러 형벌을 이야기한 후에 주신 권면의 말씀입니다. 그래서 사도는 구약 백성들의 수많은 범죄에 대하여 "저희에게 당한 이런 일이 거울이 되고 또한 말세를 만난 우리의 경계로 기록 하였느니라"(고전 10:11)라고 했습니다.

과거와 현재의 잘못에 대하여 스스로 '거울'과 '경계'로 삼지 않는 교회는 타락의 길로 갈 수밖에 없는 것이 당연합니다. 교회는 자신을 살피지 않을 때에 이미 타락의 씨앗을 품고 있는 것이나 마찬가지입니다.

사도 바울은 지금 구약성경의 여러 사건을 예로 들면서 고린도교회를 권면하고 있습니다. 바로 이것이 교회를 세우는 기초입니다. 곧 '말씀'입니다. 물론 말씀이 있다는 것은 성령님께서 그 속에 역사하신다는 것을 전제로 하고 있습니다.

사도행전 17장을 보면, 우리는 아름다운 한 교회를 만나게 됩니다. 그 교회는 바로 베뢰아교회입니다. "베뢰아 사람은 데살로니가에 있는 사람보다 더 신사적이어서 간절한 마음으로 말씀을 받고 이것이 그러한가 하여 날마다 성경을 상고(詳考)한다."라고 했습니다.

베뢰아교회 성도들의 큰 특징은 우선 간절한 마음으로 말씀을 받는다는 것입니다. 우리는 이것을 귀하게 보아야 합니다. 저는 우리 교회 성도들이 말씀을 간절하게 받기를 원합니다. 그 간절함이 실제의 삶 속에서 그대로 나타나야 합니다.

이 말은 매일매일 큐티(QT: Quiet Time)를 하라는 뜻이 아닙니다. 말씀을 대하는 삶의 모든 태도를 말하는 것입니다. 이것은 주의 날을 어떻게 준비하는가와 관련 있습니다. 곧 주일 설교 본문을 예배 전에 깊이 묵상하고 와야 합니다.

또, 설교를 듣고 다른 사람을 살피는 것이 아니라 자신의 모습을 살펴야 합니다. 나아가 자신의 모습을 교회 가운데 나누어야 합니다. 저는 우리 교회가 적어도 이런 면에서 말씀을 귀하게 여겨야 한다고 말은 하지만, 실제로는 매우 약한 모습을 보이고 있음을 압니다. 지난 2001년을 돌아보면 상당 부분 우리 교회는 실제로 그러했음을 부인할 수 없습니다.

베뢰아교회는 "날마다 성경을 상고"했습니다. "상고한다"는 것은 그것이 참인지 거짓인지 깊이 생각하여 판단한다는 의미입니다(행 4:9; 고전 2:14, 4:4). 이것이야말로 성도의 삶에서 가장 귀한 것입니다. 우리에게는 말씀 때문에 주일에 치는 시험도, 장사도, 직장도 포기한 신앙의 선배들이 있습니다. 물론 어떤 면에서 조금 율법주의적인 모습이 있지만 그들의 중심에는 말씀을 생각하며 생활한 삶의 흔적들이 많습니다.

　말씀에 대한 우리의 태도가 바뀌지 않는 한 우리의 미래는 없습니다. 그것은 곧 촛대를 옮기는 결과로 나타날 것입니다(계 2:5). 그러나 저는 기대합니다. 하나님께서는 당신의 백성을 말씀을 사랑하는 사람들로 바꾸실 것을. 할렐루야(הללו-יה)!

정결한 신부, 교회

사도 바울은 고린도후서 11:2에서 "내가 하나님의 열심으로 너희를 위하여 열심 내노니 내가 너희를 정결한 처녀로 한 남편인 그리스도께 드리려고 중매(仲媒)함이로다"라고 했습니다. 고린도교회를 두고 "정결한 처녀"라고 했습니다. 교회는 그리스도에게 있어서 더럽혀지지 않은 깨끗한 신부와 같다는 것입니다.

사도는 이 신부가 그리스도를 향하는 진실함과 깨끗함에서 떠나 부패할 것을 두려워한다고 했습니다(고후 11:3). 이어 부패의 예를 창세기 3장에서 들고 있는데, 곧 뱀이 그 간계로 하와를 미혹하게 한 것과 같다고 했습니다. 그러면서 고린도교회를 향하여 "너희가 다른 복음을 잘 용납한다."라고 했습니다(고후 11:4).

　계속되는 이야기의 흐름으로 보았을 때, 고린도교회 안에 잘못된 가르침을 전하는 사람들이 들어왔던 것으로 보입니다(고후 11:12~13). 이 때문에 사도는 고린도교회가 다른 복음을 잘 용납한다고 표현했습니다. 잘 용납한다는 것은 그들(고린도교회)이 잘못된 가르침을 잘 받아들였다는 것이 아니라, 잘못된 사상을 가진 자들의 가르침과 그렇게 가르치는 자들에 대해 아무런 조치도 하지 않고 그대로 놓아두었다는 의미입니다. 그것은 곧 '권징'이 약화되었거나 거의 그 기능을 상실했다는 것을 의미합니다.

　역사 속에 있는 교회는 항상 이와 같은 유혹과 시험 가운데 놓여있습니다. 물론 교회를 잘못된 사상이나 가르침 혹은 세상의 원리로부터 완전히 차단하는 것은 불가능합니다. 그러나 그러한 가르침이나 세상의 원리를 그냥 가만히 두는 것이야말로 큰 문제입니다. 그래서 권징은 교회를 정결한 신부로 세우는 데 있어서 아주 중요한 요소입니다.

　창세기 4장에서는 권징 받는 한 사람이 등장합니다. 그의 이름은 가인입니다. 그의 직업은 농부였습니다. 그는 땅으로부터 열매를 거두는 사람이었습니다. 그는 자신이 거둔 농산물로 하나님께 제사를 드렸습니다. 그러나 하나님께서는 '그'와 '그 제물'을 받지 않으셨습니다.

하나님께서 제물을 받지 않으심으로 인해 그는 자기 자신을 진지하게 돌아보아야 했습니다. 왜냐하면 하나님은 분명히 '그 제물'뿐만 아니라 '그' 자신까지도 받지 않으셨기 때문입니다. 하나님께서는 아벨의 제물은 받으셨습니다. 그러나 그것은 그저 아벨의 제물이 더 좋았기 때문이 아니었습니다(히 11:4).

가인은 자신과 자신의 잘못에 대해 반성하지 않고 드러난 결과에 대해 분노했습니다. 성경은 "가인이 심히 분하여 안색이 변하니"라고 했습니다. 여기 "안색이 변했다"라는 것은 '얼굴을 떨어뜨렸다'라는 말입니다. 얼굴을 떨어뜨렸다는 것은 무슨 의미일까요?

성경에 '얼굴을 들고 본다'는 것에는 깊은 의미가 담겨있습니다. 시편 80:3을 보면 "주의 얼굴 빛을 비취사 우리로 구원을 얻게 하소서"라고 합니다. 또 민수기 6:25에 "여호와는 그 얼굴로 네게 비취사 은혜 베푸시기를 원하며"라고 했습니다. 예레미야 3:12은 "여호와께서 가라사대 배역한 이스라엘아 돌아오라 나의 노한 얼굴을 너희에게로 향하지 아니하리라"라고 했습니다. 즉, 얼굴을 들고 보는 것에는 하나님의 구원과 심판이 동시에 나타납니다.

그런데 가인은 그 얼굴을 떨어뜨리고 있습니다. 창세기 4:16을 보면 "가인이 여호와의 앞을 떠나 나가"라고 했습니다. 여기 '여호와의 앞을 떠났다'라는 것은 하나님의 얼굴 앞을 떠났다는 의미입니다.

가인은 하나님의 구원의 손길을 거절한 것입니다. 창세기 4:5에서 가인은 스스로 자신의 얼굴을 떨어뜨림으로 하나님의 얼굴을 거부하였습니다. 즉 하나님과의 교제를 단절했습니다. 이는 곧 하나님의 권징 즉 권면을 거부한 것입니다. 이를 가리켜 요한일서 3:12에서는 "가인같이 하지 말라 저는 악한 자에게 속하였다"라고 말씀합니다. 가인은 사탄의 후예였습니다.

권징은 정결한 신부인 교회를 아름답게 꾸미는 힘입니다. 우리가 아름다운 교회를 꿈꾼다면 우리는 우리의 교회 가운데서 이 권징이 즐겁고 유쾌하게 이루어지도록 해야 합니다. 권징을 받는 성도가 얼굴을 붉히고 그 권징으로부터 침묵한다면 그의 결국은 하나님의 에덴에서 자리를 잃게 될 것입니다.

"내 아들아 주의 징계하심을 경히 여기지 말며 그에게 꾸지람을 받을 때에 낙심하지 말라 주께서 그 사랑하시는 자를 징계하시고 그의 받으시는 아들마다 채찍질하심이니라 하였으니 너희가 참음은 징계를 받기 위함이라 하나님이 아들과 같이 너희를 대우하시나니 어찌 아비가 징계하지 않는 아들이 있으리요 징계는 다 받는 것이거늘 너희에게 없으면 사생자요 참 아들이 아니니라 … 중략 … 오직 하나님은 우리의 유익을 위하여 그의 거룩하심에 참예케 하시느니라 무릇 징계가 당시에는 즐거워 보이지 않고 슬퍼 보이나 후에 그로 말미암아 연달한 자에게는 의의 평강한 열매를 맺나니"(히 12:5~11)

권징은 정결한 신부인 교회를
아름답게 꾸미는 힘입니다.

교회를 생각하는 사람들

교회는 성령님의 사역으로 세워집니다. 이 사실을 부인하는 사람은 아무도 없습니다. 우리 교회는 최근 주일 오후 예배 시간에 배우고 있는 사도행전 말씀을 통해 그 사실을 확인하고 있습니다. 그러나 사도행전을 가만히 보면 그 사실이 얼마나 구체적인가를 알게 됩니다. 하나님의 은혜로 복음에 스스로 매여 교회를 위해 온 생을 불사르는 사람들을 만나게 됩니다.

우리는 이 믿음의 선진들의 삶이 오늘 우리 시대에도 계속해서 흐르고 있다는 것을 믿습니다. 하지만, 정작 자신이 그렇게 살아가겠다고 결단하는 사람들은 보기 어려운 것이 오늘의 현실입니다. 그럼에도 불구하고 여전히 선진들의 삶을 따라 살기를 소망하는 이들을 종종 만납니다.

얼마 전 신학대학원 시절부터 함께 교제해온 목사님을 만났습니다. 자신이 목회하는 교회의 한 성도 이야기를 저에게 들려주었습니다. 그 청년은 이제 대학 졸업을 눈앞에 두고 있습니다. 세상 사람들의 관점에서는 좋은 대학에서 공학을 전공하였습니다. 졸업과 동시에 거의 100% 취직이 되는 전공을 공부하였지만, 그 청년은 다시 한의대나 약대를 가기 위해 재수를 준비하고 있다는 것입니다. 저는 그 이야기를 듣고 참 의아했습니다. 왜 다시 공부하려는지 궁금했습니다.

친구 목사님은 그 청년의 생각을 자세히 설명해주셨습니다. 이대로 회사에 취업하게 되면 물론 쉽게 월급도 받고 안정된 생활을 할 수 있습니다. 하지만, 교회를 섬기고 봉사하는 데는 많은 제약이 따르게 된다고 생각한 것입니다. 실제로 그 청년의 선배들 가운데는 회사 일로 바빠 신앙생활에 어려움을 겪는 경우가 종종 있다는 것입니다. 그래서 그 청년은 교회를 생각해서 자신의 진로를 바꾸려 했다고 합니다.

그 청년이 얼마 전부터 같은 교회의 한 자매를 사귀게 되었습니다. 그 자매는 교회에서 작고 표가 나지 않는 일들을 곧잘 한다고 합니다. 예를 들면, 교회 게시판을 예쁘게 꾸미다든지 어른들에게 늘 가깝게 다가가 인사를 건네고 대화를 자주 함으로 나이가 많은 분들과 청년들 사이의 어색함을 잘 해소한다고 합니다. 그뿐만 아니라 매 주일마다 행해지는 성찬에 필요한 빵을 자신이 준비해도 되느냐고 조심스럽게 물어왔다고도 합니다. 이 모든 것들이 자발적으로 이루어졌고 기쁨으로 잘 감당하고 있다는 이야기를 들었습니다.

저는 "같은 교회에서 서로 사귀게 되면 교회에서 다른 성도와의 교제에 장해가 있지 않습니까?"라고 염려스러워하며 목사님께 물었습니다. 그러나 전혀 그렇지 않다고 하셨습니다. 저는 그 두 청년이 결혼하게 되면 참 귀한 가정이 될 것이라는 확신이 듭니다.

오래 전 제가 어느 교회의 전도사로 봉사할 때입니다. 한번은 유년 주일학교에서 여름 성경학교를 준비하는 중이었습니다. 교회의 재정이 넉넉지 못하여 교육자재가 늘 부족한 형편이었습니다. 그해 여름성경학교도 그러한 교육자재의 부족을 느끼며 준비하고 있었습니다.

어느 날 두 청년이 한 아름의 교육자재를 들고 예배당으로 들어섰습니다. 저는 너무 뜻밖이라 어떻게 된 일이냐고 물었습니다. 그러자 두 청년은 그냥 웃고만 있는 것입니다. 후에 안 일이지만, 그 두 청년은 여름방학이 시작되자마자 곧장 아르바이트를 시작했고, 한 달 동안 일한 월급을 몽땅 털어서 아이들의 교육자재를 구입한 것입니다. 저는 그해 여름을 정말 신이 나게 보냈습니다.

저는 지금 우리 모두 아르바이트를 열심히 해서 교회에 헌금하자는 이야기를 하고 싶은 것이 아닙니다. 교회를 생각하는 그들의 마음을 우리 성도들에게 소개하고 싶습니다. 아니, 저 자신을 돌아봅니다.

교회를 교회되게 세우시는 분은 분명히 성령님이십니다. 하지만, 그 성령님은 복음과 더불어 살려고 하는 성도들의 삶을 통하여 교회를 구체적으로 세워 가심을 깨닫게 됩니다. 오늘따라 사도 바울의 말씀이 제 가슴에 큰 여운으로 남습니다.

"나의 자녀들아 너희 속에 그리스도의 형상이 이루기까지 다시 너희를 위하여 해산하는 수고를 하노니"(갈 4:19)

교회에 등록함에 대해

　1990년대를 맞이하면서 한국교회는 과거의 화려한 성장에서 정체 내지는 느리게 하향 곡선을 긋기 시작했습니다. 그래서 새로운 천 년인 2000년대를 맞이하면서 이것을 극복할 대안 찾기에 여념이 없습니다. 물론 어떤 교회들은 여전히 성장 제일주의를 추구하며 온갖 프로그램과 이벤트성 행사를 기획하고, 그것을 실행하고 있습니다.

　한국교회의 엄청난 성장이 바른 성장이요, 하나님의 구원의 놀라운 역사라면 이것은 틀림없이 하나님의 은혜입니다. 다른 어떤 평가로도 이 놀라운 사실을 정확하게 평가할 수는 없습니다. 그러나 놀라운 성장의 이면에 있는 부정적 요소를 생각하지 않을 수 없습니다.

그 부정적 요소 중 가장 대표적인 것이 손쉬운 '교인등록'입니다. 단 한 번 교회에 출석하여 예배를 드리고 나면 그 사람은 자신의 의사와 관계없이 그 교회의 교인이 되어 있는 예도 있었습니다.

그런가하면 몇 개월 적당히 예배에 빠지지 않고 교회에 성실하게 출석하면, 학습을 받고 시간이 지나면 세례를 받아 교회의 구성원이 되는 것을 흔히 볼 수 있습니다. 이때 자신의 믿음에 대한 구체적 고백이나 교회의 확인은 일종의 지나가는 통과의례 정도로 여깁니다.

그러나 '교회에 등록한다'는 것은 아주 중요한 의미를 담고 있습니다. 대개 교인등록은 두 부류로 나눌 수 있습니다. 그야말로 처음으로 복음에 관심을 두고 교회를 다녀보겠다고 하는 경우와, 세례를 받고 복음을 받아들이며 믿음을 고백한 사람이 하나님의 거룩한 교회에 속하게 되는 경우입니다.

전자는 엄격한 의미에서 교인이 아닙니다. 그는 단지 하나님의 복음에 관심을 두고 언약의 말씀에 초청되어온 상태입니다. 그러니까 그는 언제든지 자신의 의사를 따라 교회 출석을 그만둘 수 있을 뿐만 아니라 복음을 거부할 자유를 가진 사람들입니다.

그래서 우리는 이런 사람들을 '원입교인'이라는 조금은 낯선 용어로 표현합니다. 교회법에도 이 원입교인을 설명하기를 "예수를 믿기로 작정하고 공예배에 참석하는 자"라고 규정하고 있습니다.

다른 한 경우인 세례를 받고 교회에 등록한 사람을 우리는 '입교인'이라고 합니다. 입교인이란 '세례를 받은 자'라는 의미이기도 합니다. 곧 예수 그리스도를 주(主)로 고백하고 그분의 십자가의 죽음과 부활과 승천, 그리고 재림을 고대하며 사는 사람을 말합니다. 세례를 받은 성도가 교회 등록을 하는 경우는 상당히 다른 의미가 있습니다.

처음 복음을 듣기 위해 나온 원입교인에게 그 교회는 비교적 너그럽고 관대합니다. 그러나 그 교회는 마땅히 그리스도의 복음을 소개할 의무와 책임이 있습니다. 그래서 온 교회는 원입교인에게 온 힘을 다해서 복음을 지적(知的)으로 소개할 뿐만 아니라 삶으로 성도로서 사는 것이 무엇인지 보여주어야 합니다.

입교인은 원입교인과는 매우 다릅니다. 입교인의 아주 중요한 한 측면이 바로 '한 몸인 교회에 연결되어 있다'라는 것입니다. 다시 말해 '한 가족'입니다. 그래서 세례를 받고 교회에 등록하면 그날로부터 그 사람은 자기 마음대로 세상을 살 수 없는 사람입니다. 항상 교회와 더불어 의논하고 교회와 더불어 살아가야 합니다. 왜냐하면 성경이 교회를 한 몸이라고 말하기 때문에 그러합니다. 또한, 하나님의 백성으로서의 분명한 의무와 책임을 다해야 합니다.

입교인은 교회를 돌아보며 주의 말씀을 생명의 양식으로 매일 받고 삶 가운데서 그 복음의 효력을 나타내어야 하며 헌금을 통하여 교회의 어려운 부분을 실제로 담당하는 모습을 보여야 합니다. 복음을 안다면 이러한 모습은 아주 자연스럽게 나타날 것입니다.

오늘 우리 교회는 모처럼 한 사람의 입교인과 두 사람의 원입교인을 받게 됩니다. 교인등록에서 우리 교회는 비교적 엄정하게 성경의 원리를 따르려고 합니다. 그래서 어쩌면 긴 시간을 두고 이 문제로 생각하고 고민하는 것이 이상하게 보일지도 모르겠습니다.

하지만, 이러한 것들이 하나님의 교회가 세상 속에서 능력 있고 거룩한 모습으로 세워지기 위한 좋은 방편이 될 줄 믿습니다. 형제, 자매의 등록을 진심으로 축하합니다.

교회와 법정고소

3시간 30분이라는 짧지 않은 시간을 들여 도착한 울진 북면교회 예배당은 참 아담하고 아름다운 곳이었습니다. 이른 저녁을 먹고 노회를 시작하면서 하나님께 예배를 드렸습니다. 노회 임원들을 뽑고 난 후, 북면교회에서 마련한 깨끗하고 멋진 풍경 속에 있는 숙소에서 다른 목사님들과 밤늦게까지 대화하고, 다음 날 아침 다시 노회 장소인 예배당으로 들어섰습니다.

그때, 저는 매우 불쾌한 마음과 안타까운 마음이 동시에 가슴 깊은 곳에서 올라오는 것을 억지로 눌러야 했습니다. 지난 봄 노회 때에 본 모습을 또 보았기 때문입니다. 몇 사람들이 어깨띠를 메고 머리에 구호를 쓴 띠를 두르고 확성기를 들고 불법을 저지른 전권위원들은 물러가라고 외치고 있었습니다.

지난해부터 모 교회에서 문제가 있었고, 시찰회에서 문제를 해결하지 못해 결국 노회에서 사안을 다루게 되었습니다. 문제의 해결을 위해 전권위원들이 조직되어 조사하였습니다. 결국, 몇몇 성도들이 출교와 무기한 수찬 정지를 받게 되었습니다. 그러는 중에 이 문제가 점차 확대되어 세상 법정에 고소하는 지경에 이르게 되었습니다.

이러한 일련의 과정을 지켜보면서 교회가 그 순결함을 잃어감에 얼마나 민감해야 하며 한 번 열린 세속화의 문을 다시 닫으려면 그것이 얼마나 어려운 것인가를 새삼 깨닫게 되었습니다. 사실 성도들끼리의 문제를 세상 법정에 가져가는 것은 비성경적인 것입니다. 그럼에도, 우리 교회(고신)는 이미 그러한 역사를 안고 있습니다.

1950년대 교회 개혁 운동을 통하여 교회의 순결을 부르짖고 성장해가는 가운데 마산 문창교회의 예배당 부지 문제가 발생했습니다. 그 교회는 교회의 개혁을 부르짖는 분들로 구성되어 있었습니다. 그런데 목사로 부임한 분은 개혁 운동을 반대하는 견해를 가진 분이었습니다. 그때에 이미 분열의 씨앗이 심어졌습니다. 그 목사가 임지를 옮기고

난 뒤 송 모(某) 목사가 그 교회에 부임하여 화합을 위해 노력했지만 결국 교회는 분리되고 말았습니다. 그때 예배당 부지를 어떻게 할 것인가를 놓고 격론이 있었고, 노회에서 각 교회의 형편에 따라 처리할 것을 결의하였습니다.

분열된 교회 중 한 편인 송 모 목사는 예배당 부지를 찾기 위해 이 문제를 세상 법정에 고소한 것입니다. 이것을 본 고려신학교 교장인 박윤선 목사는 고린도전서 6:1~7 말씀을 어긴 것이라며 강력하게 항의하였지만 별다른 진전이 없었습니다.

또한, 믿는 성도들 간의 세상 법정에 대한 소송 문제는 1970년대 고신교회 분열의 핵심적인 역할을 하였습니다. 23회 총회와 24회 총회의 서로 다른 결정(한 총회는 고소를 허용했고 또 다른 총회는 반대했다.)과 경남노회의 행정 보류와 소위 반고소파(당시 경기노회 소속 교회들)라고 불리는 또 다른 한 교회가 고신교회에서 분열된 것이 바로 그것입니다.

고신교회는 이렇듯 세상 법정에서의 성도들 간의 고소 문제로 아픈 역사를 갖고 있습니다. 이러한 역사가 계속해서 우리 노회에서도 일어나고 있는 것입니다. 저는 이러한 모습을 보면서 심히 안타까운 마음이 듭니다.

50년의 역사를 가진 우리 교단, 그리고 설립 40주년을 맞게 되는 경동노회를 생각하면서 하나님 앞에서 우리의 현재의 모습을 정직하게 점검받아야 할 때라고 생각합니다. 40년, 혹은 50년의 세월이 어찌 감사와 명예로운 세월로만 자부할 수 있겠습니까.

형제가 형제를 고소하는 이 아픈 현실을 보면서 바울 사도의 선언, 아니 하나님의 말씀을 다시 한 번 새겨 봅니다.

"너희가 피차 송사함으로 너희 가운데 이미 완연한 허물이 있나니 차라리 불의를 당하는 것이 낫지 아니하며 차라리 속는 것이 낫지 아니하냐"(고전 6:7)

교회의 표지

지금으로부터 10여 년 전, 1992년. 제가 신학대학원 입학시험을 치를 때의 일입니다. 시험 문제 중 '교회의 표지에 대하여 쓰시오.'라는 항목이 있었습니다. 그때에 대부분 수험생들의 반응을 잊을 수가 없습니다. 문제를 이해할수 없다는 듯이 감독관에게 이 문제가 무엇을 묻는 것인지 질문하는 것이었습니다.

교회의 표지는 그만큼 숨겨진 내용이었습니다. '교회의 표지'란 교회가 지녀야 할 필수적인 요소를 말합니다. 만약 어떤 교회에게 이 표지가 있지 않다면 그 교회는 교회가 아니라는 것입니다.

우리는 중세시대를 영적 암흑기라고 합니다. 하나님의

뜻은 온데간데없고 사람의 생각과 경험이 말씀보다 우위에 있었다는 것입니다. 그래서 하나님의 많은 백성들은 성경의 토대 위에 있는 바른 교회를 그리워하게 되었습니다. 그 희망의 결실이 '종교개혁'입니다. 종교개혁은 한 마디로 잘못된 교회를 성경에서 말하는 교회로 회복시키는 것입니다.

칼빈은 개혁자 중에서도 우리에게 대단히 잘 알려진 인물입니다. 그는 성도들이 바른 신앙생활을 할 수 있기를 소망하였습니다. 교회가 주의 말씀에 온전히 서 있기를 갈망한 사람입니다. 그는 한 공동체를 교회라고 할 수 있는지 여부를 판단할 수 있는 '세 가지 표지'를 제시하였습니다. 물론 이 세 가지 표지는 칼빈 개인의 사상이 아니라 그 자신이 말씀을 읽고 상고해본 결과, 말씀이 어떤 공동체를 교회라고 하는지를 소개한 것입니다.

참다운 교회, 하나님이 기뻐하시는 교회는 '바른 말씀선포'가 있는 교회입니다. 말씀을 듣는 성도들의 기분을 생각하기 전에 무엇이 하나님의 말씀인가를 먼저 생각하고 그 말씀을 바르게 선포하는 교회야말로 참다운 교회입니다.

오늘날 많은 교회가 이 바른 말씀선포를 게을리 하고 있습니다. 심지어는 잘못된 가르침을 전하고 있기도 합니다.

그 결과 성도들은 우매하게 되었고 형식적인 종교인으로 변해 가고 있습니다.

참된 교회의 두 번째 표지는 '바른 성례의 집행'입니다. 성례는 두 가지인데 바로 '세례와 성찬'입니다. 막연하게 교회 출석을 잘한다든지, 헌금을 잘한다든지 하는 그러한 외형적 판단으로 세례를 집행하는 것을 우리는 잘못된 성례의 집행이라고 합니다.

참다운 교회는 세례 받을 자가 참으로 자신의 고집을 버리고 하나님의 말씀에 순종할 것인가에 대한 분명한 고백을 확인한 연후에 세례를 베풉니다. 또한, 성찬을 행함에서도 그 의미를 분명히 알고 그것이 성도에게 주는 유익에 대한 분명한 이해 위에 행해지고 있는가를 살펴야 합니다.

참된 교회의 세 번째 표지는 '정당한 권징의 시행'입니다. 권징이란, 잘못한 성도에게 그 잘못에서 속히 돌아설 것을 권하는 사랑의 표현입니다. 최근 한국교회는 권징을 거의 시행하지 않습니다.

'권징을 행하면 누가 교회에 오겠는가?'라는 인간적인 생각 때문입니다. 그러나 성경은 권징을 통하여 교회의 순결을 지킬 것을 가르치고 있습니다. 그러므로 권징 없는 교회는 죽은 교회입니다.

요즘은 권징을 행하면 '이 교회만 교회인가!'라고 하면서 다른 교회로 옮기는 사람들도 있다고 합니다. 이런 사람은 교회를 어지럽히는 사탄의 종이라는 사실을 교회는 상기해야 합니다. 오늘 우리 샘터교회는 참된 교회의 세 가지 표지를 잘 시행하는 교회가 되어야겠습니다.

교회당과 교회

지난 15, 16일은 노회가 있었습니다. 정기 노회는 일 년에 두 차례 회집이 되는데, 봄과 가을에 모임을 가집니다. 노회에서는 산하 교회들의 행정적인 일들과 여러 가지 의제들을 다루게 됩니다. 우리 교회는 이번 노회 때에 정식으로 기도소로 등록하였습니다. 등록하는 과정에서 몇 가지 충고 아닌 충고를 듣게 되었습니다.

그것은 예배처소가 없어서 정상적인 교회로 나아가는데 많이 우려된다는 것입니다. 우리 교회처럼 가정에서 예배를 드리고 교회로 모이는 것이 정상적인 교회로 성숙하는데 장애와 방해가 된다는 것입니다. 그래서 이 부분에 대해서 집중적으로 질문을 받았고 여러 방안에 대한 고견(高見)

을 내내 들어야 했습니다.

초대교회 때는 독립된 예배당이 없었습니다. 사도행전 18:7을 보면, 바울이 고린도에서 복음을 전할 때에 디도 유스도의 집에서 고린도교회가 모였다는 것을 알 수 있습니다. 신약성경 곳곳에 이러한 경우를 자주 볼 수 있습니다.

교회가 처음 시작될 때에는 이렇게 누구누구의 집에서 모이는 경우가 대부분이었습니다. 혹은 에베소에서처럼 두란노서원에서(행 19:9) 모이는 예도 있었습니다. 그러면 우리가 알고 있는 예배당은 언제부터 있었을까요?

대부분의 교회사가들은 AD 230년경을 주목합니다. 지금의 시리아와 이라크 국경, 유프라테스 강이 흐르는 당시의 로마 변방인 듀라-유로포스 지역에서 처음으로 예배당이 발견되었다고 합니다.

1930년을 전후하여 고고학 발굴에서 그 모습을 드러내었습니다. 원래는 가정집이었는데 몇 개의 방을 허물어 약 60~70명이 예배드릴 수 있는 장소가 생기게 되었습니다. 다른 한 방에는 세례를 베풀 수 있도록 준비되어 있고, 벽에는 아담과 하와의 그림과 목자의 그림이 있었습니다.

벽화는 아마도 죄와 구원의 길을 동시에 보여주기 위함

인 것으로 추측됩니다. 이곳이 최초의 예배당 형태로 남아 있는 곳입니다. 그러니까 AD 230년에는 독립된 예배당이 없었고 가정이나 여러 사람이 모일 수 있는 기존의 어떠한 공간이라도 자유롭게 사용되었다는 것입니다.

노회를 마치고 돌아오는 길에 기분이 착잡했습니다. 물론 원활한 행정 진행과 전체적인 교회의 이미지 및 여러 경우에 대한 공통된 모습을 위해서 규칙(노회와 총회 헌법에는 교회 설립 기준으로 예배처소와 장년 교인 20명 이상을 조건으로 정하고 있습니다. 그러나 기도소에 대한 구체적인 기준은 없습니다.)으로 정해 놓은 것이기는 하지만 그 원래의 의미가 많이 퇴색되어 간다는 생각을 지울 수가 없었습니다.

물론 예배당이 없어야 한다는 극단적인 생각은 옳지 않겠지만, 예배를 위해 모일 수 있는 규모를 갖춘 독립된 장소가 아니라도 큰 불편이 없는 처소가 있다면 그것으로 충분하다는 생각이 듭니다. 장소 문제보다는 오히려 이 교회가 앞으로 성경이 말하는 교회의 본질을 잘 보존하며 그것을 세상 가운데 나타낼 수 있을까에 대한 염려가 더 우선되어야 한다는 생각을 오래오래 해보았습니다.

한편으로는 이 문제에 대해 우리가 너무 안이하게 생각하고 있지는 않은가 고민도 해 보았습니다. 의도적으로 무시하거나 백안시(白眼視)하는 것도 옳지 않은 것 같습니다.

예배처소를 위해 함께 기도하고 고민하며 하나님의 뜻을 구하는 것도 잊지 말아야겠다는 생각을 하게 되었습니다. 이제 우리 교회도 이 부분을 교회의 기도제목으로 놓고 기도하면 좋겠습니다.

능력 있는 교회로
세워지길 소망하며

　이번 학기에 대학원에서 '선교역사'를 공부하게 되었습니다. 초대교회의 삶을 나누던 중 함께 공부하는 한 목사님께서 아주 의미 깊은 질문을 던지셨습니다. "초대교회 성도들은 온갖 핍박과 고난 가운데서 믿음을 신실하게 지켜 능력 있는 삶을 살았는데 오늘날 우리 한국 교회 성도들의 모습은 왜 그렇지 못할까?"라는 질문이었습니다.

　그와 더불어 "심지어 우리가 이단으로 규정한 여호와의 증인들은 군대에서 총을 거부하는데 그로 인해 당하는 불이익을 조금도 굽힘 없이 받아들인다."라는 이야기도 하였습니다.

　질문을 받은 교수님께서는 잠시 생각을 하시더니 "아주

중요한 문제라고 생각되는 군요. 우리 함께 이 문제에 대해 그 원인을 찾아봅시다."라고 말씀하셨고, 수업에 참여한 많은 사람이 각자의 의견을 피력했습니다. 그리고 그 수업이 끝날 즈음에 교수님께서는 그 문제에 대해 좀 더 숙고해 오라고 요청하셨습니다.

저는 집으로 돌아오는 길에 한참이나 그 문제를 생각했습니다.

"왜 우리 시대의 교회는 이 사회에 그렇게도 영향력이 없을까?"

"기독교인의 수가 국민 전체의 25%를 넘었다고 하지 않았던가?"

"우리 교회가 처음부터 이렇게 영향력이 없는, 곧 능력이 없는 교회였는가?" 등등 많은 생각이 교차하였습니다.

사실 한국교회 역사에서 처음부터 교회가 능력을 상실한 것은 아니었습니다. 예를 들면, 성도들이 신앙 양심을 따라 살기 위해 주일 성수에 거리끼는 직업도 과감히 포기했고 주일을 지키기 위해 수십 리 길을 걸어 예배에 참석했던 사례는 허다합니다. 또한, 사람들로부터 매우 많은 비난을 받던 사람들이 회개하고 돌아오는 일도 많았습니다. 그래서 사람들은 "기독교는 참으로 사람을 고치는 교(敎)"

라고 했습니다.

그러나 이와 같은 아름다운 전통이 이제는 옛이야기로만 남게 되었습니다. 부정과 부패에 직분자들인 장로, 집사들이 연루되지 않은 일들이 없고 거짓말을 밥 먹듯이 하는 정치인들 속에도 집사와 장로는 높은 비율을 차지하고 있습니다.

국회의원들의 상당수가 직분자들입니다. 그래서 국가를 위한 기도회니, 조찬기도회니 하면서 열심히 모인다고 합니다. 그러나 우리나라 국회의원들만큼 정직에서 거리가 먼 사람들도 없습니다.

교회만 출석하는 명목상 그리스도인들이 아닌 능력 있는 성도들이 많을 때에 교회도 그 능력을 발휘한다는 것은 유아(幼兒)라도 다 아는 사실입니다. 그렇다면 능력 있는 성도들이 많아지기 위해서 어떻게 해야 할까요?

우선 우리는 타인보다 '자신'을 먼저, 다른 교회보다 '우리 교회'를 먼저 하나님 앞에서 살펴 보아야 합니다. 타인과 다른 교회가 능력을 얻어야 하는 것은 나와 우리 교회가 능력 있는 삶을 살아야 하는 것보다 우선하지 않습니다.

때때로 우리는 비판하기를 즐깁니다. 특히 우리 교회처럼 젊은이들이 많은 교회는 더욱 그러합니다. 비판 그 자체는 타락한 인간에게 아주 야릇한 즐거움과 통쾌함을 줍니다. 또한, 그것은 아주 쉽고 편하기까지 합니다. 그러나 그 비판 속에는 자기와 자신이 속한 교회가 있다는 사실을 곧잘 잊어버릴 때가 많이 있다는 사실을 명심해야겠습니다.

다음으로, 우리는 '성경'을 주목해 보아야 합니다. 성경은 성도들의 삶의 모든 부분에 원리를 제공하기 때문입니다. 에베소서 6:10~18은 우리에게 좋은 해답을 제공하고 있습니다.

"종말로 너희가 주 안에서와 그 힘의 능력으로 강건하여지고 마귀의 궤계를 능히 대적하기 위하여 하나님의 전신갑주를 입으라 … 중략 … 그러므로 하나님의 전신갑주를 취하라 이는 악한 날에 너희가 능히 대적하고 모든 일을 행한 후에 서기 위함이라 그런즉 서서 진리로 너희 허리 띠를 띠고 의의 흉배를 붙이고 평안의 복음의 예비한 것으로 신을 신고 모든 것 위에 믿음의 방패를 가지고 이로써 능히 악한 자의 모든 화전을 소멸하고 구원의 투구와 성령의 검 곧 하나님의 말씀을 가지라 모든 기도와 간구로 하되 무시로 성령 안에서 기도하고 이를 위하여 깨어 구하기를 항상 힘쓰며 여러 성도를 위하여 구하고"(엡 6:10~18)

교회의 옮김과 등록에 대하여

한국 선교 100년의 역사를 되돌아 볼 때, 이제 그 화려한 성장은 서서히 정체되어 간다고들 합니다. 오히려 성장에서 퇴보의 길로 들어선 징조를 보이고 있다고 합니다. 다른 한편에서는 양적인 성장은 질적인 저하의 큰 요인으로 작용했다 하기도 합니다.

그 원인이야 어떠하든 과거와 같은 큰 성장은 이제 힘들다고 하는 것이 대체적인 분위기인 듯합니다. 그러면서 그리 밝지 않은 장래에 대한 걱정을 해결하기 위해 다양한 대안이 제시되고 있습니다.

어떤 분들은 젊은 청년들을 교회로 부를 수 있는 한 방편으로 소위 '열린 예배'가 대안이라고도 하고, 또 어떤 분들은 '제자훈련', '자연적 교회성장 이론', '셀 교회', '가정교회' 등등 그 대안도 다양합니다. 한국교회의 이러한 흐름 속에서 나타나는 뚜렷한 한 가지 특징이 있는데 그것은 '평행 이동' 현상입니다. 즉, 새로운 신자가 생겨나는 것이 아니라 성도가 그동안 자신이 섬기던 교회를 떠나 다른 교회로 옮기는 것입니다.

저 자신이 종종 이런 문제로 상담을 요청받을 때도 있습니다. 교회에 대한 강의를 초청받아 강의를 하고 나면 꼭 빠지지 않고 등장하는 질문이 바로 '교회를 옮기고 싶은데 그것이 과연 정당한 것인지? 혹 교회를 옮기고 싶은데 어떤 교회로 가야 하는가?'를 질문합니다.

이와 같은 질문을 접할 때마다 편치 않은 마음과 왠지 모를 씁쓸함에 여러 번 우울해지기도 하였습니다. 그러면서 젊은이들뿐만 아니라 상당수의 성도가 현재 자신이 속한 교회에 제대로 적응하지 못하고 있다는 사실을 깨닫게 됩니다.

결코 바르지 못한 이 현상에 대해 저는 어떤 정확한 진단을 내릴 수는 없습니다. 단지 그들이 처한 안타까운 현실에서 어떻게 하는 것이 하나님의 뜻에 맞고 올바른 것인지를 생각하게 됩니다.

우선 한 성도가 그동안 섬기던 교회를 옮길 수 있는 요건은 무엇일까요? 먼저 다른 도시로 이사할 때는 가능합니다. 또 조금 조심스럽긴 하지만 자신이 속한 교회에서 생명의 양식을 먹을 수 없을 때라고 말하고 싶습니다. 이 말 자체가 물론 아주 주관적인 판단으로 기울 가능성이 많이 있습니다.

개혁자들이 말한 바대로 말씀이 신실하게 선포되는 교회, 성례가 바르게 집행되는 교회, 권징이 잘 시행되는 교회는 도덕적으로 문제가 있고 여러 가지 비신앙적인 요소가 있을지라도 그 교회는 참다운 교회라고 말할 수 있습니다.

그러나 이와 같은 것들이 없는 교회라면 우리는 그곳을 생명이 있는 하나님의 교회라고 말하지 않습니다. 이러한 경우에는 곧 그 무리로부터 떠나야 하는 것이 정당합니다. 하지만, 현실적으로 자신이 속한 교회가 과연 그러한가를 평가한다는 것은 어쩌면 거의 불가능해 보일 수도 있습니다. 그렇기 때문에 생명의 양식을 먹을 수 없다고 말하는 것은 상당히 주관적으로 흐를 가능성이 많이 있습니다.

그럼에도, 자신이 속한 교회에서 오랫동안 영의 양식을 먹을 수 없어서 고통 가운데 있다면 속히 건강한 교회를 찾아 떠나는 것도 한 방법입니다. 물론 이 방법에도 상당한 절차와 노력이 뒤따릅니다. '나의 욕심과 잘못으로 말미암아 내가 말씀의 양식을 제대로 먹고 있지 못한 것이 아닌가?'라는 반문을 꼭 해 보아야 합니다.

다음으로, 한 성도가 다른 도시나 지역으로 이사했을 경우, 새로운 교회를 찾을 때는 어떠해야 할까요? 가장 좋은 것은 전에 섬기던 교회의 목사님으로부터(당회로부터) 좋은 교회를 소개받는 것입니다. 그래서 우리 교회에는 '이명제도'가 있습니다.

그러나 문제는 그리 간단하지 않습니다. 최근 이 이명증을 교부하는 것은 사라져가는 추세입니다. 그렇다면, 현실적으로 새로운 도시에서 교회를 찾기란 여간 어려운 문제가 아닙니다. 그래서 어떤 분들은 이 교회 저 교회를 주일마다 오랫동안 순회하며 살피는 것을 보게 됩니다.

누구나 자신이 속한 교회가 좋은 교회, 하나님께서 기뻐하시는 교회가 되기를 바랍니다. 하지만, 그 교회가 어떠한 교회인지를 안다는 것은 그리 쉬운 문제가 아닙니다. 그래서 저는 주일에 한 번만 가보는 것으로 그 교회를 판단하는 것은 그리 바람직하지 않다고 생각합니다. 적어도 한 달혹은 두 달 이상을 다니면서 그 교회가 추구하는 바와 소망하는 바, 그리고 성도들이 실제로 어떻게 살기를 원하는지 등을 살펴볼 수 있어야 합니다.

좋은 교회, 그것은 성경에서 말하는 교회입니다. 성경이 말하는 그 교회의 모습을 위해 전력을 다하는 교회, 말씀이 살아 있고 그 말씀을 따라 성도들이 살기를 열망하고 그리고 그 말씀과 더불어 교제하는 교회, 그러한 교회가 좋은 교회입니다.

좋은 교회,

그것은 성경에서 말하는 교회입니다.

목회자의 자질

제가 1995년 2월 신학대학원을 졸업할 때, 어떤 분의 축사를 들었습니다. 그분께서는 축사를 통해 이제 강도사로서 목회하게 될 졸업생들에게 목회자로서 지녀야 할 몇 가지 요건을 말씀하셨습니다.

영어를 잘할 것, 컴퓨터를 잘 다룰 것, 운전을 할 수 있을 것 등이었습니다. 신학 수업을 마치고 이제 목회 일선에 입문하는 이들에게 축사를 할 정도면 상당한 식견과 지위를 갖춘 분일 텐데, 다음 세대 목회자의 요건으로 이와 같은 것들을 말씀하시니 참 난감해졌습니다.

왜냐하면, 그 당시 저는 컴퓨터도 잘하지 못했고 운전면허도 없었으며 그렇다고 해서 영어를 잘하는 것도 아니었습니다. 저는 적어도 목회자가 될 사람이라면 성도들을 말씀으로 양육하고 그 영혼을 사랑할 줄 아는 심령이 있어야 한다고 생각했습니다. 그러나 그분의 말대로라면 저는 자격에서 많이 미달입니다. 물론 그분이 제가 생각하고 있는 말씀 사역을 기본으로 여겼다고 생각합니다. 그분께서는 그 기본 위에 또 다른 몇 가지를 첨가하셨을 것입니다.

시간이 한참 지나 제가 처음 샘터교회를 개척할 때의 일입니다. 어떤 목사님께서 "강 목사님께서는 왜 개척을 하려고 합니까?"라고 물었습니다. 저는 그 질문을 "당신은 개척을 위해 어떤 준비가 되어 있습니까?"라는 물음으로 이해했습니다. "예, 저는 성도들을 말씀으로 잘 양육해야 한다고 생각합니다. 그래서 그 부분에 많은 신경을 쓰고 있고 지금도 계속해서 준비하는 중입니다."라고 대답했습니다.

그러자 그 선배 목사님께서는 정색하시면서 "그것으로는 개척해서 성공하기 어려울 건데요?"하셨습니다. 그리고는 개척에 필요한 자금(돈)과 어떤 특별한 프로그램과 든든한 후원 교회를 이야기하셨습니다. 무엇 하나 저에게 해당하는 것이 없었습니다. 참 난감했습니다. 저는 무어라 할 말이 없어서 멍하니 가만히 있다가 그분과 헤어진 일이 있었습니다.

저와 같이 신학을 공부한 동급생 중에는 개척교회를 한 사람이 여럿 있습니다. 가끔 그분들의 소식을 듣습니다. 어떤 분은 무척 고생하고 있다, 어떤 분은 자리를 잘 잡았다는 등등. 이러한 이야기들의 대부분은 역시 외부적인 것들입니다.

어떤 목사님은 후원하는 교회도 없고 예배당 건물도 작고 성도들도 없어서 고생이 이만저만이 아니라고 합니다. 하지만, 생활수준이 좋은 집사님들 몇 가정과 함께 개척한 누구누구 목사님은 벌써 땅을 몇 평 샀느니, 교인들이 얼마나 많이 모인다느니 하는 이야기를 합니다. 이야기가 막바지에 다다르면 항상 똑같은 결론으로 끝이 납니다. 개척은 역시 돈이 있어야 한다는 것입니다. 그리고 그 돈을 모으는 것은 역시 목회자의 큰 자질이 됩니다.

일반적으로 목사님들과 성도들 사이에 회자되는 좋은 목회자의 자질은 '그 목회자가 얼마나 재정적인 지원을 잘 받을 수 있느냐? 얼마나 학벌이 좋은가? 얼마나 뛰어난 행정력을 가졌는가?' 등입니다.

심지어 어떤 분들은 "설교는 조금 못해도 괜찮은데 행정력이 없으면 곤란해." 라고 이야기하기도 합니다. 더 심각하게는 어떤 교회의 장로님들께서 그 교회의 목회자를 청빙하시는데 후보에 오른 목사님의 얼굴이 너무 못 생겼기 때문에 자신들의 목회자로는 부적합하다고 말씀하셨다는 이야기도 들은 적이 있습니다.

사람들은 언젠가부터 목사님들은 모든 것을 잘 알고, 잘하는 만능 엔터테이너(entertainer)가 되어야 한다고 생각합니다. 이제 목사님들은 슈퍼맨이 되기를 종용받고 있는 듯한 느낌입니다.

말씀 사역에 대한 분명한 통찰과 영혼에 대한 뜨거운 열정이 없어도 크게 이상할 것이 없는 시대가 되었습니다. 오히려 이런 것들보다는 좋은 프로그램을 만들고 사람들을 동원하여 일을 진행하고 멋진 말투와 화려한 학벌을 갖게 되면 일등 목사님이 됩니다. 이런 것들이 오히려 말씀 사역을 점점 약화시키는 원인이 됨을 인식해야겠습니다. '오직 말씀(Sola Scriptura)'을 목청껏 다시 외쳐 봅니다.

교단설립 50주년에 즈음하여
선배들의 신앙을 기억하며

오늘 오후 예배는 교단 설립 50주년 기념으로 노회(老會) 산하 온 교회가 함께 모여 연합으로 예배를 드립니다. 물론 교단 설립을 기념하는 것이 성경적인 것이냐에 대한 신학적 검토가 필요하지만, 노회 산하의 모든 교회가 함께 예배한다는 것은 원리적으로 대단히 의미 있는 일이라 하겠습니다. 그것은 흩어져 있지만 한 신앙고백 위에 놓여 있음을 고백하는 것입니다.

우리 교회가 속한 교단은 '대한예수교 장로회 고신 교단' 입니다. 1884년 한반도에 처음 복음이 들어올 때에는 여러 개의 교단으로 나누어져 있지 않았습니다. 처음에는 하나의 교회였습니다. 그러다가 일제 강점기를 거치면서 장로교회는 분열을 맞게 됩니다.

1938년 조선예수교 장로회 제27회 총회로 모인 교회의 대표자들은 "신사참배는 우상숭배가 아니다."라고 하면서 신사참배 할 것을 가결하였습니다. 교회의 지도자들 가운데 친일을 적극적으로 하는 목사와 지도자들이 등장하였고, 그들의 지도를 받는 교회들은 솔선수범하여 배교 단체가 되었습니다.

총회로 모일 때마다 '황국신민의 서사'를 외우고 궁성요배를 했습니다. 천조대신(태양신)과 천황을 삼위 하나님보다 더 높였던 것입니다. 그야말로 교회는 더 이상 교회가 아니라 배교한 단체가 되었습니다.

이에 경남지방과 평안도, 황해도 일원에서 경건한 교회의 지도자들을 중심으로 신사참배 반대운동이 일어났습니다. 특히 경남지방에서는 한상동 목사님을 중심으로 이 운동이 가장 적극적으로 일어나게 되었습니다.

한상동 목사님은 1940년 4월에 평양의 주기철 목사님을 만났습니다. 주기철 목사님은 옥고를 겪는 동안 소속되어 있던 평양노회로부터 목사면직 처분을 받았고, 그뿐만 아니라 목회하고 있던 산정현교회는 폐쇄된 상태였습니다. 한상동 목사님은 주기철 목사님을 만나 교회재건에 대한 의견을 교환하였습니다. 그리고 해방된 후 더 적극적으로 이 운동을 하게 됩니다.

해방된 땅에 남아있는 교회는 그야말로 배교의 아픔을 그대로 간직하고 있는 모습이었습니다. 한상동 목사님은 회개와 공적참회, 권징을 통하여 조선 장로교회가 하나님 앞에서 새롭게 되기를 열망하였습니다. 그러나 친일을 앞서 행한 정치적인 목사들은 뚜렷한 공적 권징을 이행하지 않게 되었습니다. 이에 공적참회와 권징을 계속해서 주장하는 한상동 목사님과 그와 같은 뜻을 지닌 경남노회는 36, 37회 총회에서 축출됩니다.

결국, 축출당한 경남노회가 중심이 되어 세워진 교단이 바로 우리 교회가 소속된 대한예수교 장로회 고신 교단입니다. 우리 교회의 신앙 전통에는 신앙의 순결이라는 것이 가장 크게 자리 잡고 있습니다.

50주년을 맞이하면서 저는 많은 것을 생각하게 됩니다. '과연 우리는 저 신앙의 선배들이 신앙의 절개와 순결을 지키기 위해 애쓰고 힘썼던 삶의 모습을 이어가고 있는가?'라는 물음을 던져봅니다.

교회가 속화되는 것을 가장 두려워한 그 정신을, 새벽 일찍 눈물로 하루를 시작하던 그분들의 깊이 있는 기도를, 성도들의 삶을 그리스도의 모습으로 담아내기 위해 애쓰시던 그 사랑의 손길들을 과연 오늘 나는 닮아 가고 있는가?

과거의 영광을 현재의 나약함을 덮기 위한 얄팍한 수단으로 사용하고 있지는 않은지 새삼 우리의 모습을 되돌아봅니다. 과거의 역사를 공부하는 것이 현재의 우리의 모습을 더 잘 보기 위함임을 다시 한 번 되새기면서, 선배님들이 걸어갔던 그 길을 걸으려고 합니다.

부활절 연합예배의 타락

저는 축구를 좋아합니다. 예전에는 실제로 축구경기를 하는 것을 좋아했고, 지금은 건강상의 문제로 보는 것을 즐깁니다. 물론 축구경기를 보는 것은 저에게 있어서 즐거운 취미생활입니다. 그래서 국가대표팀의 경기는 매번 챙겨 보는 편입니다.

올해 우리나라와 일본에서 있을 월드컵 경기도 저에게는 좋은 기회입니다. 물론 경기장을 찾아갈 만큼 여유가 있거나 광적이지는 않습니다. 기회가 되면 꼭 챙겨서 안방에서 경기를 보는 정도입니다.

지난 주일은 교회의 절기 중 부활절이었습니다. 서울에서는 2002년 한국교회 부활절 연합예배가 상암 월드컵경기장에서 드려졌다고 합니다. 그러나 그 주제가 저로 하여금 실망을 넘어서 굴욕감을 느끼게 했습니다. 더구나 설교자로 나선 김OO 목사의 설교는 가히 충격적이었습니다. 신문을 통해 소개된 이날 연합예배의 내용은 다음과 같습니다.

2002년 한국교회 부활절 연합예배가 '부활의 영광! 월드컵 승리'를 주제로 지난 3월 31일 서울 상암동 월드컵 경기장에서 성대하게 드려졌다. … 중략 … 이날 설교자의 설교는 월드컵 홍보일색이었다. 특히 설교 말미는 이날의 하이라이트였다. 설교자 김OO 목사는 "한국 팀이 16강, 8강, 4강, 결승까지 올라갈 것을 믿는다. 미국 팀에게는 자살골, 폴란드에는 페널티 킥(penalty kick)을 얻을 것이다. 페널티 킥 못 넣는 사람은 한강에 빠져 죽어야 된다. 포르투갈에는 1대 0으로 이길 것이다."라고 예언했고, 성도들은 김 목사의 "믿습니다." 때마다 "아멘"으로 화답했다.

부활의 영광과 월드컵 승리는 아무 관계가 없는 내용입니다. 부활은 그야말로 초자연적 사건이요, 역사를 초월하여 인류를 사랑하신 하나님의 역사 개입의 표입니다. 하나

님께서는 부활을 통해 예수님을 주와 그리스도(행 2:36)가
되게 하십니다.

월드컵 승리라는 주제로 도대체 무엇을 말하려고 하는 것
인지 도무지 알 수가 없습니다. 월드컵은 하나님의 백성의
사명도 아니요 목적도 아닙니다. 이것은 단지 인간들의,
인간들에 의한, 인간들을 위한 놀이에 불과한 것입니다.

김OO 목사라는 분의 설교는 거짓 선지자의 말과 다를 바
가 없습니다. 신명기 18:22에 "만일 선지자가 있어서 여호
와의 이름으로 말한 일에 증험도 없고 성취함도 없으면 이
는 여호와의 말씀하신 것이 아니요 그 선지자가 방자히 한
말이니 너는 그를 두려워 말찌니라"라고 했습니다. 신명기
18:20에서는 "내가 고하라고 명하지 아니한 말을 어떤 선
지자가 만일 방자히 내 이름으로 고하든지 다른 신들의 이
름으로 말하면 그 선지자는 죽임을 당하리라 하셨느니라"
라고 했습니다.

신명기의 말씀처럼 김OO 목사의 설교는 "증험도 없고 성
취함도 없는" 경우입니다. 계속해서 신명기는 "그 선지자
는 죽임을 당하리라"라고 했습니다. 물론 우리는 사람을 죽
일 권한이 없습니다. 신약성경의 성취의 빛 아래에서 볼 때
에, 더 이상 그를 하나님의 말씀을 전하는 자로 인정할 수

없다고 말하는 것입니다. 거짓 선지자가 버젓이 예배에 나타나 설교를 한다는 것은 한국의 교회가 그만큼 어리고 약하다는 것을 여실히 드러냅니다.

이런 시대에 우리가 살고 있습니다. 성도들은 무작정 설교자의 설교를 듣고 "아멘"을 연발해서는 안 됩니다. 아멘이라는 말은 '그것은 진실입니다. 그 말씀이 옳습니다. 그렇게 되기를 바랍니다.'라는 뜻입니다. 우리 성경에는 이 말이 문두(文頭)에 올 때에 '진실로'라고 번역되었습니다.

혼탁한 시대에 사는 우리 성도들은 정신을 차려야겠습니다. 무엇이 참 진리인지 날마다 말씀을 상고하는 자세를 잊지 말아야겠습니다. 이러한 자세가 바로 어두운 시대에 지혜롭게 사는 방법입니다.

아픔을 나누는 교회를 꿈꾸며

월요일에 있을 공개강좌 준비를 위해 아침 일찍 부산으로 가야 했기에 아이들을 이모네 집에 데려다 놓았습니다. 화요일 저녁 성경공부를 마치고 데리러 가려 했지만, 막상 화요일 성경공부를 마치고 나니 너무 힘들고 피곤하여 다음날 가기로 했습니다.

피곤한 몸을 잠자리에 누이고 1시간 즈음 지났습니다. 얕은 잠이 든 상태에서 휴대전화가 계속해서 울리는가 싶더니 또다시 전화가 요란하게 울려 잠에 취한 저를 깨웠습니다. 귀찮고 피곤해서 '전화를 받지 말까?'라고 생각을 하다가 '이 밤에 누군가 급한 일이라도 있겠지'라고 생각을 고쳐먹고 수화기를 들었습니다.

영래 이모의 당황한 목소리였습니다. 영빈이가 갑자기 심한 고열이 있는데 어떻게 해야 할지 모르겠다고 하였습니다. 저는 집사람에게 전화기를 넘겼습니다. 집사람은 차분하게 열이 어느 정도인지 또 어떤 증상이 있는지 천천히 물었고, 빨리 병원으로 가 달라고 당부했습니다.

피곤함에 지쳐 아직도 잠이 덜 깬 저는 이불을 뒤집어쓰고 그냥 누워버렸습니다. 하지만, 집사람은 당황한 모습으로 잠시 앉아 있더니 누워 있는 저를 깨우고 이모네로 가자고 하였습니다. 정신을 차리고 일어나 옷을 입고 차에 올랐습니다. 시계를 보니 거의 자정이 가까웠습니다.

저도 모르게 자꾸만 가속기에 올려 진 발에 힘이 들어갔습니다. 면허증을 딴 이래로 이렇게 빨리 차를 몰아본 기억이 별로 없었습니다. 그러나 이모네 까지는 평소보다 훨씬 많은 시간이 소요되는 것 같은 느낌이었습니다. 약 1시간 20분 정도면 갈 수 있는 거리지만 옆자리에 앉은 아내는 자꾸만 시계를 쳐다보았습니다.

평소 엄마가 없으면 조금 서운해하는 영빈이의 성격을 알고 있는 터라 여러 가지 생각이 머리를 어지럽혔습니다. 영래가 어릴 때에 심한 고열로 경기(驚氣)한 적이 있는 것을 아는 저와 아내는 마음이 편할 리가 없었습니다.

'얼마나 불안해할까?'

'혹, 위험하지는 않겠지? 경기는 하지 않을까?'

'얼마나 고통스러울까?'

'왜 이렇게 시간이 늦게 가지?'

'큰 병은 아니겠지?'

'하나님! 도와주십시오.'

약 40분이 지난 후에 저는 아내에게 전화해 보라고 했습니다. 이모부의 휴대전화로 전화를 한 아내의 얼굴이 조금은 밝아지고 목소리가 안정감을 되찾고 있는 것이 느껴졌습니다. 40도가 넘던 열이 이제 조금씩 가라앉고 있고 병원에서 주사를 맞고 집으로 돌아가는 길이라고 전해왔습니다.

긴박한 순간이 되서야 간절하게 기도하는 제 모습을 보면서 갑작스레 참 부끄러워졌습니다. 절박한 때가 되어야 기도하는 이 습관은 언제쯤 나아질까? 그것보다 저로 하여금 가슴을 울리게 한 것은 하나님의 심정이었습니다.

예수님께서 그의 제자들에게 "너희에게는 오히려 머리털까지도 다 세신 바 되었나니 두려워하지 말라"(눅 12:7)라고 하신 말씀이 생각났습니다. 그 자녀의 모든 것을 세세히 살피시고 그 아픔에 함께하시는 하나님의 심정.

저는 목사인 제 직분을 생각하였고, '성도들을 향하여 네가 목사로서 얼마나 그들의 아픔과 슬픔과 고통에 동참하고 있으며 관심을 두고 있느냐? 그들이 너의 영적 자녀가 아니냐?'하는 질문에 답을 할 수 없었습니다.

교회를 생각했습니다. '함께 세상 가운데서 형제와 자매, 가족으로 살아가고 있는데 이것은 한갓 구호로 끝나고 있지는 않은가?' 아픔과 고통을 함께 나누는 그런 교회를 꿈꾸어 봅니다.

그 자녀의 모든 것을 세세히 살피시고
그 아픔에 함께하시는 하나님의 심정.

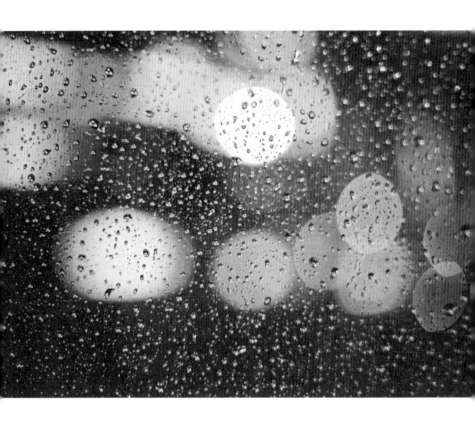

예수님께서 가르친 교회

일반적으로 오순절 성령강림 사건을 교회의 출발이라고 이해하는 경향이 있습니다. 맞는 이해이긴 하지만, 그렇다고 해서 그 이전에 교회에 대한 가르침이나 사상이 없었던 것은 아닙니다. 예수님의 계시 속에는 교회의 출발에 대한 충분한 내용을 담고 있습니다. 마태복음 16:13~20까지의 본문이 그것입니다.

베드로의 신앙고백과 더불어 선포된 예수님의 교회에 대한 선언은 가히 경이적입니다. 그것은 하나님 나라에 대한 계속적인 선언에(마 4:17, 23, 5~7, 8:11~12, 9:35, 10:7, 11:11~12, 12:28, 13) 이어서 새로운 공동체의 출현을 예고한 점과 더불어 그 공동체의 주체가 바로 주님 자신이라는 점에 있어서 더욱 그러합니다.

　이러한 중요성을 인식하면서 마태복음 16:18, 19은 교회에 대한 기초적인 가르침을 우리에게 제공하고 있습니다. 베드로의 고백을 들은 예수님께서는 "내 교회"를 세우겠다고 하셨습니다. 여기에서 교회라는 단어는 예수님께서 처음으로 사용하신 단어는 아닙니다. 이 단어는 이미 유대인 회중들 사이에 개념이 잡혀 있는 단어입니다. 사도행전 19장에서는 "민회"라는 단어로 번역되었습니다. 그렇다면, 예수님께서 내 교회를 세우겠다고 하신 말씀은 '나의 공동체를 만들겠다'라는 의미가 됩니다. 예수님의 에클레시아(ecclesia)는 예수에게 속한 자들과 그들을 대표한다고 볼 수 있는 제자들을 말한 것입니다.

　이어서 우리는 예수님께서 "이 반석 위에" 공동체를 세우겠다고 말씀하셨기 때문에 이 "반석"에 대한 정확한 이해는 교회를 바르게 이해하는데 기초가 됨을 알 수 있습니다. 에베소서 2:20에서 교회의 터가 "사도들"이라고 명시한 것을 볼 때, "반석"은 베드로의 고백과 그 고백의 대표자로서의 베드로임을 이해해야 합니다.

　다음으로, 음부가 죽음과 동의어(계 1:18, 6:8, 20:13)라는 점을 통해 "음부의 권세"는 '죽음이 교회를 어떻게 할 수 없다'라는 의미임을 알 수 있습니다. 천국열쇠에 대한 이해는 어려운 부분입니다. 이것은 권위의 관점에서 볼 것인지 아니면 입장(入場)의 관점에서 볼 것인지가 문제입니다. 그러나 위의 두 부분에 모두 관계된 것으로 이해됩니다. 즉, 교회가 베드로처럼 예수님이 메시아요 살아 계신 하나님의 아들로 고백하는 사람들로 구성된 공동체라면 그 공동체에 천국의 열쇠가 주어지는 것은 입장에 관계될 뿐만 아니라 그 입장에 대한 권한도 갖게 된다는 것입니다. 이러한 관점에서 본다면, 뒤에 이어서 나오는 매고 푼다는 것도 그 의미가 분명해집니다.

누가복음 11:52과 비교해 볼 때, 교회는 천국 복음을 선포하는 중재자가 됩니다. 그러므로 그 교회는 천국 복음의 전파는 물론 복음을 받아들이지 않는 이들에게 복음을 매는 역할도 할 수 있게 됩니다. 요한복음 20:23의 "너희가 뉘 죄든지 사하면 사하여질 것이요 뉘 죄든지 그대로 두면 그대로 있으리라"라는 이 말씀이 이 사실을 더 분명케 합니다.

예수님께서는 하나님의 나라를 선언하시는 중간에 교회 공동체를 언급하셨습니다. 이것은 하나님의 나라가 양면성을 가진다는 전제가 되며 또한 교회 공동체의 성격을 규정하는 중요한 단서가 됩니다.

칼빈(Calvin)은 "교회를 하나님께서 두신 목적은 유아와 어린아이 같은 성도들을 교회의 도움과 봉사로 양육 받을 뿐 아니라 어머니와 같은 교회의 보호와 지도를 받아 성인이 되고 드디어는 믿음의 목적지에 도달하게 하시려는 것이다."라고 했습니다.

주님은 교회에 권위를 주시는데 곧 '복음전파'입니다. 그러므로 교회는 복음전파를 통하여 교회공동체의 구성원이 이루어지게 되는데, 그것은 베드로가 했던 고백과 같은 고백 위에서 입니다. 이 고백은 아래로부터 이루어지는 것이 아니라 '위로부터' 이루어지기에 거룩한 것이며 신령한 것입니다. 그러므로 교회의 주인은 인간이 아닌 하나님 곧 그리스도이십니다.

교회 중심으로 산다는 것

　서구 사람들은 상대적으로 개인 중심의 삶을 중요하게 여기지만 동양에 속한 우리나라는 오히려 개인보다는 공동체를 중심으로 살아갑니다. 그래서 개인적인 생각이나 감정은 철저하게 배제하고 전체의 의견이 어떻게 결론이 나는지 예의 주시하였다가 자신의 생각과 감정은 숨겨둔 채 공동체의 결정에 따르는 것입니다.

　물론 우리는 이러한 자세를 나무라거나 정죄할 필요는 없습니다. 하지만, 다른 한편으로 개인의 생각이 잘 표현된 상태에서 공동체의 결정이 있을 때, 그 결정이 훨씬 더 건전하다고 생각합니다. 그러나 그렇지 못한 모습은 토론과 협력보다는 복종과 획일성에 길들어져 온 문화적 영향이기도 할 것입니다.

　이러한 경향이 교회 안에도 그대로 스며져 있습니다. 웬만하면 자신의 삶이나 생각 혹은 사상을 드러내지 않는 것입니다. 자신의 모습을 적절하게 숨기기도 하고 다른 사람의 관심을 덜 받기를 원하는 마음에서 성도 수가 많은 교회를 찾아가기도 합니다. 이러한 것들은 교회의 공동체성에 다양한 결핍을 불러오는 큰 원인이 됩니다.

　많은 그리스도인들은 하나님 중심, 성경 중심, 교회 중심으로 살기를 소망합니다. 그러나 그 소망은 소망으로 끝이 납니다. 하나님 중심, 성경 중심, 교회 중심으로 산다는 것이 무엇인지 구체적으로 이해하고 실천하는 사람은 극히 드문 것이 현실입니다. 기껏 생각하는 것이, 교회 중심으로 산다는 것을 교회당 가까이 자신의 거주지를 옮기는 정도로 여깁니다. 그러나 이것은 교회 중심으로 산다는 것이 무엇인지 전혀 모르는 것입니다.

　교회 중심으로 산다는 것은 하나님 중심, 성경 중심으로 산다는 것과 본질적으로 큰 차이가 없습니다. 하나님에 대해서, 성경에 대해서, 교회에 대해서 아는 것에서 출발합니다. 이것은 곧 영생에 대해서 아는 것입니다. 유일하신 참 하나님과 그의 보내신 자 예수 그리스도를 아는 것이 영생이라고 했습니다(요 17:3). 하나님과 예수님을 아는 것은 성경을 통하여 알게 됩니다. 너희가 성경에서 영생을 얻는 줄 생각하고 성경을 상고하거니와 이 성경이 곧 내게 대하여 증거 한다고 했습니다(요 5:39). 성경이 증거하는 예수님께서 주인이 되는 공동체가 곧 교회인 것입니다(마 16:18).

그러므로 '교회 중심으로 산다'라는 것은 말씀 가운데서 하나님을 만나고 그리스도를 만나며 사는 것에서 출발합니다. 곧 말씀에 순종하며 사는 것입니다. 말씀에 순종한다는 대원칙 위에 삶의 터전에서 교회로 서 있는 것입니다. 나 혼자 있는 것이 아니라 공동체성을 띠며 있는 것입니다. 내 모습이 교회의 모습이라는 생각으로 삶을 사는 것입니다.

'내가 교회다'라는 생각은 '교회의 본질에 내가 바르게 참여하고 있는가? 교회의 본질을 나타냄에 나는 어떤 기능을 하고 있는가?' 등등의 질문을 끊임없이 되새기며 사는 것입니다. 텔레비전을 보며 즐기듯이, 자기는 빠지고 일단의 배우들이 열심히 드라마를 찍는 것을 물끄러미 바라보며 사는 것이 아닙니다. 마치 인터넷을 통해 관심 있는 것만 찾아다니듯이 자기에게 필요한 것만 얻으면 그만이다는 자세로 사는 것이 아닙니다. 이러한 것들은 교회 중심적인 삶에 해악(害惡)을 끼치는 것입니다.

교회 중심으로 산다는 것은 우리가 기록한 기도제목 쪽지를 교회 생활에서 하나의 액세서리(accessory)로 취급하지 않는 것입니다. 이렇게 말하면 아무도 이 사실을 받아들이려 하지 않습니다. 그러나 그 속내를 가만히 살피면 이것은 사실입니다.

있으면 조금 아름다워 보이고 없어도 괜찮다는 식으로 형제를 대합니다. 이것은 아닙니다. 형제가 하나님 앞에 서 있는 것, 하나님과 교제하는 것이 어떻게 액세서리라고 할 수 있겠습니까? 그러나 불행하게도 우리는 이러한 경향을 보이고 있는 것이 사실입니다.

형제의 기도 내용에 별 관심이 없습니다. 평일에나 주일에나 그것에 대해 묻지도 않고 관심도 없습니다. 아니, 그 기도의 내용에 대해 하나님께서 어떻게 그에게 응답하셨는지, 그가 그 기도에 대해 어떠한 자세를 가졌는지 질문을 하거나 살피지 않습니다. 이것이야말로 입으로는 교회 중심으로 산다고 하는 것과 별반 차이가 없습니다.

교회 중심으로 살기 위해서는 자기희생이 따릅니다. 시간을 내어야 하고 어떤 경우에는 경제적 부담을 져야 하기

도 합니다. 그러나 우리는 이것을 포기할 수 없습니다. 형
제의 삶은 나의 삶입니다.

교회 중심으로 살기 위해서는

자기희생이 따릅니다.

총회 주간을 보내면서

이번 한 주 동안 천안 고려 신학대학원에서 우리 교단 총회가 있었습니다. 교단 설립 50주년 기념대회도 함께 있어서 국외에 파송된 선교사들이 모두 귀국해 함께 이 잔치에 참여하게 되었습니다.

한편, '이 시점이 그렇게 축하하고 기뻐할 때인가?'라는 의문을 던지는 분들이 여럿 있음을 봅니다. 저 또한 교단 설립 50주년이 마냥 기뻐할 때라기보다 객관적인 회고를 통해 자성과 성찰, 반성이 시급한 때라고 생각합니다. 이러한 생각 때문에 한 주 동안 편치 않은 마음으로 시간을 보내었습니다.

지나온 우리 교단의 역사를 되돌아보면 가슴이 뿌듯해지

기도 하지만, 해결해야 할 어려운 문제가 여전히 많다는 생각에 자꾸만 마음이 무거워집니다. 제가 매사에 긍정적이지 못하다는 단점이 있긴 하지만, 이것만으로 설명하기에는 너무 분명한 역사의 오점들이 많기 때문입니다.

그런 와중에 [뉴스 앤 조이]에 실린 한 기사와 고신대학교 홈페이지에 올라온 복음병원 사태에 대한 대학 총장님의 담화문을 읽고, 더더욱 씁쓸함과 무력함을 느끼게 되었습니다. 그 내용을 소개하면 다음과 같습니다.

〈지난 4월과 5월에 부총회장 후보자 전원에게 향응과 5만원, 10만원이 든 돈 봉투를 받았다고 양심선언 한 경남노회 창원시찰 모(某) 목사가 금권 선거판을 교단에 고발했지만, 총회선거관리위원회(위원장 서OO 목사)는 이를 "후보자 등록 이전에 이뤄진 일로 법적으로 문제 삼을 수 있는 일이 아니다."라고 덮어버렸다.〉 이상 뉴스 앤 조이에서.

〈교단 중진 목사가 교단이 모르는 가운데 장기간 고신대학 복음병원 경리직원만이 아는 거액의 사채업자 노릇을 하였음이 아래와 같이 드러났습니다. "신한은행 발행 당좌 어음 지난 2002년 6월 30일 자 2매, 7월 9일 자 2매,

7월 10일 자 2매, 8월 27일 자 3매 합계 5억 8천만 원의 사채를 복음병원에서 회수해 갔습니다. 또한, 이분은 교역자 은급 기금에서 6억 3천만 원과 김해 사채에서 3억 8천만 원까지 합계 15억 9천만 원의 거액을 김해 복음병원과 고신대학 복음병원에서 수년 동안 높은 이자를 받아 갔다고 합니다." 문제는 사채명단에 없는 자의 사채를 누가 관리를 했으며 매월 그 이자는 어떤 항목에서 어떻게 지출하였는지 병원 재정부장만이 아는 일이요 이사장도 의료원장도 전혀 몰랐던 일이라고 확인되었습니다.〉 이상 고신대학교 총장 담화문에서.

이제 부총회장 선거가 끝났습니다. 네 분 중 한 분이 당선되었습니다. 그런데 그분은 당선 소감에서 "돈을 쓰지 않고서 당선됐다는 점에서 큰 의미가 있다고 생각한다."라고 말했습니다. 모든 후보들이 향응과 돈 봉투를 받았다는 고발자가 분명히 있었음에도 이렇게 말했다는 것은 목사로서의 양심을 버린 것이나 마찬가지라고 생각합니다.

더 큰 문제는, 이 문제에 대해 노회에서 파송한 총회의 총대 목사 및 장로님들에게 이의를 제기한 사람이 아무도 없다는 사실입니다. 또한, 복음병원과 관계된 사채 건에 대해서도 해당 노회에서 권징을 행해야 할 사안임이 틀림없지만 침묵하고 있는 것도 문제입니다.

이 두 사건을 보면서 우리의 양심과 도덕성이 무너졌다는 느낌을 지울 수가 없었습니다. 교회의 순결을 목숨보다 더 중요하게 생각하던 우리 교단의 설립 정신이 이제는 구시대의 유물처럼 보입니다. 마치 유럽의 화려하고 웅장한 예배당들이 이제는 박물관과 관광객들의 구경거리로 전락한 것처럼 말입니다.

지나온 세월보다 다가올 세대가 더 걱정입니다. 기쁨과 즐거움의 50년, 감사와 찬양의 50년이 아니라 오욕과 치욕의 50년이 될 수도 있다는 생각을 해야겠습니다. 우리 모두 세월을 아끼며 정신을 차려야 합니다. 이 시대에 우리가 할 수 있는 것은 우리 자신들이 우선 건강한 교회가 되는 것입니다. 건강한 교회를 위해 우리가 모두 일로매진(一路邁進)해야겠습니다.

임직(任職)식 유감

"임직(任職)받으시는 장로님 가정에 하나님의 복이 넘치기를 원합니다."

"들어가도 복을 받고 나가도 복을 받는 가정 되게 하옵소서."

"건강의 복을 주시고, 하시는 사업에 축복하셔서 물질적으로 큰 성공을 거둘 수 있도록 도와주옵소서."

"자녀들에게 복을 주셔서 모든 자녀들이 세상에서 머리가 되게 하시고, 꼬리가 되지 않게 하소서."

어느 교회의 장로 임직식에서 듣게 된 기도의 내용입니다. 그 교회는 최근 이른 바 부흥하는 교회로 이웃교회들의 부러움의 대상이 되었습니다. 많은 성도가 새롭게 출석함으로 인해 직분자들을 세웠습니다. 절차를 따라, 직분자들이 교회 앞에서 선언하는 자리였습니다.

교회가 부흥하는 일은 좋은 일이요 칭찬들을 일이며 함께 기뻐할 일입니다. 저는 그 일에 마음 깊은 곳에서 우러나오는 축하를 보내기 위해 임직식에 참여했습니다. 그러나 그 축하 속에는 한 아름의 먹구름이 드리워졌습니다.

그 교회를 목회하시는 목사님의 기도와 약 두 시간 가까이 계속되는 임직식에서의 순서들을 보면서 축하의 마음이 염려의 마음으로 점점 더 기울어졌습니다. 시간이 지날수록 마음 한구석에서 불쾌한 마음마저 들기 시작했습니다.

그 이유는 임직식 내내 직분에 대한 이야기는 한 번도 하지 않았기 때문이었습니다. 예배당 안의 공기는 점점 더 더워지고 그 열기에 따라 저의 마음도 뜨거워졌습니다. 저는 마음으로 중얼거리기 시작했습니다.

"제발! 한 번 만이라도……."

성경은 직분에 대해서 아주 분명하게 말씀하고 있습니다. "그가 혹은 사도로, 혹은 선지자로, 혹은 복음 전하는 자로, 혹은 목사와 교사로 주셨으니 이는 성도를 온전케 하며 봉사의 일을 하게 하며 그리스도의 몸을 세우려 하심이라"(엡 4:11~12).

직분자는 "성도를 온전케 하는 일"과 "봉사의 일"을 하는 자들입니다. 성도를 온전케 한다는 것은 직분자들이 섬김, 곧 자신의 직분 수행을 통해 성도들을 그리스도의 사람으로 무럭무럭 자라나도록 해야 한다는 것을 의미합니다.

봉사의 일을 한다는 것은 직분자가 직분을 행함에서 자기의 이름을 높이거나 자기의 유익을 위해 일하지 않는다는 것을 의미합니다. 주님께서 오직 당신의 교회를 사랑하고 섬기신 것처럼 직분자도 자기를 완전히 버리고 교회를 섬기는 것을 의미합니다.

성도를 온전케 함과 봉사의 궁극적 목적은 "그리스도의 몸을 세우기" 위함입니다. 그리스도의 몸은 무엇입니까? 바울은 "교회"를 그리스도의 몸이라고 했습니다. "교회는 그의 몸이니 만물 안에서 만물을 충만케 하시는 자의 충만이니라"(엡 1:23).

직분자들의 목표는 교회를 세우는 것입니다. 성경은 직분자들이 하는 말과 행동들이 교회를 세움에 밑거름이 되어야 함을 가르치고 있습니다. 이러한 측면에서 직분은 영광스러운 것입니다.

우리 시대가 이 영광스러움을 냄새나는 하수구에 던져 버렸다는 생각은 저만의 착각인지 모르겠습니다. 세례를 받고 일정한 나이가 되면 집사가 되고, 집사로서 성실하게 몇 년을 보내면 자연스럽게 장로가 됩니다. 직분이 마치 군에서 계급장을 다는 것과 같은 것으로 여겨지게 되었습니다.

이제 직분은 봉사의 직책이 아니라 명예의 직책이 되었고, 섬김의 자리가 아니라 교권이라는 특권을 누리는 자리로 바뀐 듯한 느낌을 지울 수가 없습니다. 이런 모습은 결국 하나님 나라의 원리인 섬김과 봉사와는 정 반대에 있는 것입니다.

목사도 장로도 집사도 하나님 앞에서 모두 귀한 직분들입니다. 하나님께서는 직분자들을 통하여 당신의 교회를 세우시기를 기뻐하십니다. 직분이 명예와 계급처럼 변한 이 시대에 고귀한 직분의 의미가 만개(滿開)할 날을 기대해 봅니다.

하
늘
백
성
의
사
귐

그리움

제가 알고 있는 어떤 분의 홈페이지 방명록에 가면 아주 예쁜 그림이 있습니다. 수평선 끝 아른거리는 곳에 뭉게구름이 두둥실 떠있고, 어여쁜 한 소녀가 뒷짐을 지고 멀리 바다를 바라보고 있습니다.

이치를 따져 생각해보면 배경에는 아주 강한 햇빛이 비칠 것 같지만, 그 그림에서 전해오는 느낌은 그렇게 강렬한 햇볕이라기보다 오히려 따스한 햇살인 듯합니다. 그리고 그 소녀의 뒷짐 진 손에 한 통의 편지가 들려 있습니다. 예쁜 모자를 쓴 소녀를 바라보고 있으면 여러 생각이 새록새록 피어납니다.

누군가에게 편지를 쓰려는 것 같기도 하고, 아니면 이미 쓴 편지를 부칠지 말지를 고민하는 것 같기도 합니다. 그러나 제가 그 그림을 보면서 느끼는 감정은 '그리움'이었습니다.

손에 들려진 편지의 주인을 생각하는 소녀의 그리움이 자꾸만 저의 마음을 아리게 합니다. 소녀가 그리워하는 사람이 멋진 소년인지, 아니면 절친한 친구인지, 멀리 두고 온 늙으신 부모님인지 그 대상이 누구인가에 대해서는 별 마음이 가지 않습니다. 그저 소녀의 그리움 자체가 내내 저의 마음을 심란하게 합니다.

짧은 제 인생에서(우리 교회 성도들이 들으면 다 웃겠지만) 이러한 그리움에 흠뻑 젖은 적은 거의 없습니다. 지금 기억으로는 딱 두 번 있었던 것 같습니다. 두 번 중, 한 번은 사실 그리움에다 약간의 다른 감정이 있었습니다만 나머지 한 번은 그야말로 순수한 그리움 그 자체였습니다.

앞의 그리움은 저의 아내와 연애를 할 때였고, 나머지 한 번은 실로암교회를 다닐 때였습니다. 아내와 연애를 할 때는 글을 엄청나게 많이 쓴 것으로 기억이 납니다만 실로암교회를 다닐 때는 사색을 많이 했습니다.

한 번은 제 속에 있는 것을 보여 주기 위해 끊임없이 무엇인가를 쏟아내려 했고, 한 번은 반대로 쏟아지는 것들을 제 안에서 갈무리하려고 무진장 애를 쓴 기억이 납니다.

'교회를 다니면서 무슨 그런 그리움에 사무쳤는가?'라고 생각할 사람도 있을 것입니다. 그러나 저는 주마다 늘 그리움에 가슴을 진정시키느라 늦은 시간까지 밤거리를 헤매고 다녔습니다. 그때의 습관이 아직도 얼마만큼 남아있습니다. 그래서 요즘도 길을 거닐면서 기도하는 것이 자연스럽습니다.

성도들의 얼굴이 늘 그리웠습니다. 지난 주일에 누가 무슨 말을 했었는지, 또 누가 어떻게 시간을 보냈었는지, 또 누가 무슨 고민을 하고 있었는지, 목사님께서 어떤 설교를 하셨는지 등 별의별 것들이 다 생각났습니다.

어떤 때는 가까운 성도들의 자취방을 찾아다니며 밤을 새워가면서 이야기를 나눈 기억이 지금도 생생합니다. 또 거리가 먼 경우에는 전화기를 붙잡고 오랜 시간 동안 이야기를 나누는 것도 다반사였습니다.

이렇게 하면서 한 가지 아주 특이한 점을 발견하였습니다. 많은 성도들이 제 생각과 삶에 대해 조언을 하기도 하고 토를 달고 심지어 무안을 주기도 하였지만, 이러한 것들이 단순히 그들 자신의 의견으로만 받아들여지지 않던 것입니다.

분명히 제가 아끼고 사랑하는 사람들의 생각이었는데 집에 와서 돌이켜보면 그것이 곧 하나님의 음성으로 변해 있는 것입니다. 그때 저는 '하나님께서 교회를 통하여 말씀하시는구나.'라고 깊이 깨우치게 되었습니다.

　그랬습니다. 하나님은 성경을 묵상하고 설교를 들을 때뿐만 아니라 '교회'를 통해서 말씀하시는 것을 그때 처음으로 깨달았습니다. 그래서 저는 그때 그 그리움이 아직도 그리워집니다.

　오늘따라 왜 이렇게 그리움에 사무치는지 모르겠습니다. 편지를 써야겠습니다.

성도(聖徒)의 교제(交際)

교제(交際)란 서로 사귀는 것을 말합니다. 사귄다는 것만큼 가슴 설레는 일도 드물 것입니다. 특히 젊은 남녀가 이성 간에 서로 교제한다는 것은 더더욱 그러할 것입니다. 잘 알지 못하던 두 사람이 만나 서로에 대해 조금씩 알아가는 것은 삶을 활기차게 하는 묘약과도 같습니다. 그 묘약은 사랑이라는 새로운 세계를 경험하게 합니다. 서로 잘 모르던 관계는 친밀함과 다정함으로 채워가게 됩니다.

사람의 관계에는 지속적인 교제가 필요합니다. 그렇지 않으면 그 관계에는 틈이 생기고 갈등이 싹트기 시작합니다. 물론 모든 관계에는 갈등과 시기와 질투와 분냄이 있습니다. 그렇지만 사람과 사람이 사귀는 '교제'라는 것은 사랑의 관계를 지속시키는 윤활유의 역할을 합니다.

복음을 처음 안 사람이 교회를 통해 말씀을 배우고 익히며 삶 가운데 그 배운 바 말씀을 나누는 장(場)을 갖게 되는데, 그것이 바로 '성도들과의 교제'입니다. 결혼을 앞둔 남녀가 서로 사귀는 것을 통해 느끼는 것처럼 이 교제에도 기대감과 즐거움이 있습니다.

그러나 청춘 남녀의 교제와는 아주 다른 측면이 성도의 교제 가운데 있습니다. 젊은 남녀의 교제는 비슷한 연령층에서 이루어지지만 성도의 교제에는 나이 제한이 없습니다. 또한, 성도들의 교제와 젊은 남녀의 교제는 그 목적에서 많은 차이가 있습니다. 교제를 통한 영향력, 교제의 방법, 교제의 수단 등등 이 모든 면에서 하늘과 땅만큼 다릅니다.

성도의 교제를 성경은 "성령의 교제"(빌 2:1)라고 했습니다. 성도의 교제는 단순한 인간적 사귐이 아닙니다. 성도의 교제는 '교회를 교회되게 하는 열쇠'입니다. 성도의 교제는 성령의 오심으로 시작된 교회의 한 표입니다. 사도행전 2장에서 오순절 성령강림 사건이 있고 난 후, 성경은 예루살렘 교회를 묘사하면서 "저희가 사도의 가르침을 받아 서로 교제하며"(행 2:42)라고 했습니다.

성도라고 해서 늘 좋은 교제를 하는 것은 아닙니다. 잘 못된 교제를 하게 되는 때도 있습니다. 이스라엘 역사에서 잘못된 교제를 한 예를 보여주는 곳이 있는데, 역대하 20:35~37입니다.

하나님의 언약 백성인 이스라엘은 솔로몬 왕의 죽음 이후 남쪽 유다와 북쪽 이스라엘로 나뉘게 됩니다. 나라가 나뉜 후, 네 번째 유다 왕인 여호사밧이 북쪽 이스라엘 왕 아하시야와 교제를 했습니다. 문제는 여호사밧이 교제한 아하시야는 하나님 앞에서 악을 행하는 자였습니다. 이 두 사람이 에시온게벨이라는 항구 도시에서 배를 만들어 다시스로 가려고 계획했습니다. 그러나 하나님께서는 여호사밧에게 "아하시야와 교제하는 고로"(대하 20:37) 배를 부수겠다고 하셨습니다. 결국, 하나님의 말씀은 이루어졌습니다. 잘못된 교제가 낳은 결과를 확실하게 볼 수 있습니다.

성도의 교제는 성령의 교제이어야 합니다. 흔히 성도들이 교제한다고 하면 서로의 생활을 이야기하는 것 정도로 생각하곤 합니다. 서로의 삶을 이야기하는 것이 성도의 교제가 아니라고 할 수는 없지만, 그것만이라고 할 수도 없습니다. 삶을 나누는 것은 분명한 기초 위에서 이루어져야 합니다.

좋은 교제는 '말씀'으로 이루어지는 교제입니다. 하나님의 말씀을 읽고 묵상하는 가운데 깨달은 바를 나누고, 또 그 깨달은 바를 삶 속에서 실천해보고 그 실천한 삶을 나누는 것을 말합니다. 진정한 성도의 교제를 나누기 위한 선행조건은 말씀에 대한 이해입니다. 또 그 말씀에 순종하는 삶이 없으면 불가능합니다.

그래서 아무리 "교제를 나눕시다. 성도의 교제는 참으로 중요합니다."라고 외쳐도 말씀의 기본이 되어 있지 않은 사람과의 대화는 항상 공허한 이야기가 오고 가거나 아예 할 말이 없습니다. 좋은 교제를 가능케 하는 대화의 시작은 공동체의 모습을 나열하는 것에서 출발하지 않고 복음을 깨달은 자신의 모습에서 시작합니다. 자신의 이야기이지만 결국 삼위 하나님의 사역이 성도의 교제에 있어서 핵심입니다. '나는 성도들과 주로 어떤 내용의 이야기를 하고 있는가? 혹, 다른 성도의 교제를 방해하고 있지는 않는가?'를 살펴보아야겠습니다.

한 몸으로

세 교회 연합예배를 기다리며

우리 주님께서 하나님 나라의 도리를 가르치시면서 교회에 대해 제자들에게 말씀하실 때에, 말씀을 받은 제자들조차도 그 정확한 의미를 이해하지는 못했을 것입니다. 마태복음 16장에 등장하는 교회에 대한 예수님의 가르침은 교회를 이해함에 있어서 가장 핵심적인 부분입니다. 그래서 교회에 대한 올바른 이해는 마태복음 16:13~21의 내용을 정확하게 이해하는 것에서부터 출발합니다.

제자들에게 가르치신 교회는 오순절 성령강림 사건을 통하여 역사 가운데 그 모습을 분명하게 드러냅니다. 물론 스데반은 구약 이스라엘 백성을 "광야교회"(행 7:38)라고 불렀습니다만, 이러한 부름에는 신학적 해석과 안목이 있어야 이해할 수 있습니다. 아무튼, 교회의 출발을 오순절 사건으로 볼 때 이 교회는 하나의 교회였습니다.

예루살렘교회니, 고린도교회니, 에베소교회니 하는 이름들은 각각의 다른 교회가 아니라 '한 하나님과 한 분 예수님, 한 성령님'에 의해 창설된 하나의 교회입니다. 다른 교회는 없습니다. 다른 것이 있다면 그것은 이단이요, 교회가 아닌 것입니다.

불행하게도 이 아름다운 하나의 교회는 초기부터 분열의 조짐을 보이기 시작합니다. 고린도교회의 분파주의(고전 3:1~9)가 그것입니다. 동로마와 서로마의 분열로 인해 초대교회 때 있었던 그 분열의 씨앗이 동방교회와 서방교회로 자라납니다.

교회 역사의 흐름 속에서 한국에 있는 교회들도 예외는 아닙니다. 초기에 한국 땅에 복음을 전한 선교사들은 각자의 교파를 따르는 교회를 세우기보다 하나의 교회를 세우기 원했습니다. 그러나 이 아름다운 전통은 한 세기를 넘기지 못했습니다.

한국처럼 많은 교단과 교파가 있는 나라는 세계 어디에도 없을 것입니다. 같은 장로교 안에도 약 100개의 교파가 있다는 이야기를 들은 기억이 납니다. 그야말로 하나의 교회라는 것은 현실 너머 피안의 세계에서나 있을 법한 이야기입니다.

이러한 분열에는 나름대로 정당한 것도 있고 그렇지 못한 것도 있습니다. 한국교회 대부분의 분열은 교권의 쟁취라는 부끄러운 이전투구의 결과입니다. 교회의 연합은 우리가 살아가는 이 현실에서는 영원히 불가능한 것처럼 보입니다.

오늘의 한국교회는 '누가 누구와 무엇을 어떻게 연합할 것인가?'라는 질문에 쉽게 답할 수 있는 형편도 아닙니다. 같은 교단 안에서 너무나 다른 신학적 견해를 가진 경우가 있는가 하면, 서로 다른 교단임에도 거의 비슷한 신학적 견해를 가진 교회들도 있습니다.

이러한 형편 속에서 우리는 어떤 연합의 모습을 보여야 할까요? 우선 가능한 것부터 조금씩 실천에 옮기는 것이 중요합니다. 또한, 교회의 연합에는 '분명한 기준'이 있어야 합니다. 예를 들면, 성경이 정확무오한 하나님의 말씀임을 믿지 않는 사람들과 연합한다는 것은 불가능합니다. 이러한 연합은 교회의 정체성 자체를 흔드는 것입니다.

다음 주일 우리는 멀리까지 예배를 드리기 위해 갑니다. 어쩌면 참 이상하게 보일지도 모르겠습니다. 우리 교회 가까이에 교회가 없으면 모를까, 많은 교회가 있지 않습니까? 더구나 같은 신학과 신앙을 고백하는 교단의 교회들이 여럿 있습니다. 그럼에도, 세 교회만 연합하여 함께 예배하며 성찬을 나누는 이유는 일차적으로 우리의 약함 때문입니다. 우리 교단의 교회들이 전체적으로 아름답고 건강한 교회라면 언제라도 연합하여 예배를 드리며 성찬을 나눌 수 있을 것입니다.

그러나 너무나 안타깝게도 현실은 그렇지 못합니다. 저는 목사로서 저의 직무를 생각할 때에 우리 성도들이 단 한 번이라도 잘못된 양식(말씀)을 먹지 않기를 바랍니다. 그것은 어린 자녀들에게 불량 식품을 먹이는 것보다 훨씬 무책임한 부모의 모습이니까요.

세 교회가 연합하여 예배를 드리는 것이 우리의 일차적인 목적입니다. 우리는 나들이를 가는 것도 아니고 사람을 만나기 위해 가는 것도 아닙니다. 그야말로 한 하나님의 자녀로서 '한 몸'으로 예배하는 것입니다. 다음 주가 기다려집니다.

축구

저는 축구를 좋아합니다. 며칠 전에 있었던 크로아티아와의 경기는 참 재미있었습니다. 우리 축구가 과연 유럽의 축구에 얼마나 저항력을 갖고 있는가를 시험한 경기였습니다. 결과는 참 만족스러웠습니다.

그동안 늘 불안했던 수비는 안정을 찾았고 공격에도 비교적 높은 점수를 줄 수 있었습니다. 지난 프랑스 월드컵에서 3위를 한 크로아티아와의 전력차이가 객관적으로 분명했지만 우리나라는 조직력에서 상당한 발전을 보여주었습니다.

많은 종목의 운동경기가 그러하지만, 축구는 조직력이 특별히 중요한 운동입니다. '팀워크'(teamwork)가 없으면 아무리 개인기가 훌륭해도 승리할 수 없는 것이 축구입니다. 선수 각자가 자신이 맡은 위치에서 온 힘을 다할 때 조직력은 극대화됩니다.

공을 잡고 있는 선수보다 공을 잡고 있지 않은 선수들의 움직임이 좋아야 그 팀을 좋은 팀으로 평가할 수 있습니다. 어떻게 빈 공간으로 이동을 하느냐에 따라 활기찬 공격이 이루어질 수 있고 골을 넣을 수도 있습니다. 이것은 선수들이 얼마나 부지런하느냐에 따라 달라집니다. 부지런한 선수는 자기편 선수에게 희망과 용기를 주며 신뢰감을 높입니다.

오늘 우리 교회는 모처럼 나들이를 갑니다. 하나님께서 만드신 아름다운 자연을 보면서 찬송도 하고 기도도 하며 성도의 교제를 나누는 기회가 되면 좋겠습니다. 또한 우리의 팀워크를 높이는 기회가 되면 좋겠습니다.

사람들은 수없이 많은 곳에 어울려 다닙니다. 그렇다고 해서 그들에게 모두 깊은 신뢰감이 생기는 것은 아닙니다. 막연히 어딘가를 함께 다녀왔다는 것 자체가 서로의 관계를 깊게 하거나 넓게 하지는 않습니다.

축구에서처럼 각자가 맡은 곳에서 부지런함을 보일 때 서로에 대한 신뢰감이 올라갑니다. 성도의 교제에서 부지런함이란 여러 가지로 설명할 수 있습니다.

우선은 '맡은 일에 대한 성실함'입니다. 우리는 오늘까지 한 글을 읽고 소감문을 제출하기로 약속했습니다. 비록 이 약속이 아주 작아 보이지만 작은 것이 모여 큰 것이 된다는 진리를 우리는 알고 있습니다. 아주 작은 것부터 성실함을 보일 때 그곳에 참다운 신뢰가 있습니다. 자주자주 이러한 것에 성실함을 보이지 않으면서 왜 나를 신뢰하지 않느냐고 항변하는 것은 공을 받을 수 있는 공간으로 움직이지도 않으면서 왜 나에게는 공을 주지 않느냐고 항변하는 것과 똑같습니다.

다음으로, '상대방의 입장에서 그의 주장을 경청하는 태도'입니다. 우리나라는 토론문화가 빈약하다는 이야기를 종종 듣습니다. 이것은 우리 문화에서 참 좋지 않은 부분입니다. 토론이 없는 집단은 경직되기 마련입니다. 토론이 없다는 것은 상대방의 주장에 대해 정확하게 이해하려는 마음이 부족하기 때문입니다.

가끔 같은 편끼리 사인(sign)이 맞지 않아 공이 엉뚱한 곳으로 흘러가는 장면을 목격합니다. 이것은 서로 간의 의사소통이 잘 이루어지지 않았음을 의미합니다. 우리는 이번 나들이를 통해 대화를 많이 했으면 좋겠습니다.

끝으로 '짐을 나누어지겠다는 태도'입니다. 축구를 보다 보면, 패스할 곳이 없어 두리번거리는 선수를 가끔 봅니다. 이런 장면은 축구경기를 지켜보는 이를 답답하게 만듭니다. 후반전으로 갈수록 자주 목격되는데, 선수들이 많이 지치고 힘들기 때문입니다.

탄탄한 조직력은, 이렇게 힘들 때 다른 사람을 위해 자신이 조금 더 움직여주는 것에서 생겨납니다. 다시 말해, 패스할 수 있는 공간을 만들어주는 것입니다. 짐을 서로 나누어짐. 이것처럼 용기를 주는 것도 없습니다.

음식도 같이 먹고, 대화도 하며 즐거운 하루를 보내도록 합시다. 그러면서 우리의 팀워크를 정비하는 좋은 기회로 삼읍시다.

사랑한다니까!!!

"너 이름 뭐니?"

"저요? 왜요?"

"몇 학년이니?"

"5학년인데요, 성국이요."

"5학년, 성국이."

"아저씨, 그런데 왜 그래요?"

"왜 가방은 두 개를 들고 있니?"

"이 가방요?"

"응!"

"내 짝 가방이에요."

"그런데, 왜 성국이가 들고 가지?"

"그냥요?"

"네 짝 이름은 뭔데?"

"이성혜요."

"성혜 가방을 왜 네가 들고 가니?"

"그냥, 좋아서요."

"너, 성혜 좋아하지?"

"히...."

　골목에서 만난 초등학생과 나눈 대화입니다. 몇 명이 우르르 몰려가는데 앞에는 남자아이들 세 명, 뒤에는 여자아이들 두 명이 따라가고 있었습니다. 그 중 남자아이 한 명이 책가방 두 개를 메고 땀을 뻘뻘 흘리며 갑니다. 그러면서 연방 싱글거립니다.

　볼 옆으로 흘러내리는 땀을 닦을 생각도 하지 않고 자기 몸통만 한 가방을 앞뒤로 메고 마냥 즐거운 듯 걸어갑니다. 친구들과 무슨 이야기가 그렇게도 재미있는지 웃음소리와 함께 걸음걸음이 가벼워 보입니다.

　'사랑이란, 짐을 함께 나누어지는 것'이라는 명제를 말하지 않아도 될 것 같습니다. 초등학교 5학년 아이에게 사랑 운운한다는 것이 우스운 이야기입니다만 아이들의 사랑에 대해 말하려고 하는 것이 아닙니다. '어린아이도 자신이 좋아하는 어떤 대상에게는 자기의 희생을 즐거워한다.'라는 이야기를 하고 싶은 것입니다. 어른이든 아이든 자기가 좋아하고 사랑하는 상대를 위해 하고 있는 무언가는, 그것이 아무리 힘든 일일지라도 즐겁고 유쾌한 것입니다.

"우리 강한 자가 마땅히 연약한 자의 약점을 담당하고 자기를 기쁘게 하지 아니할 것이라"(롬 15:1)라는 말씀을 따라 살아야 하는 것을 우리는 이미 잘 알고 있습니다. 비단 로마서의 말씀뿐만 아니라 '교회'라는 공동체가 지니는 본질이 그것을 잘 나타내고 있습니다.

교회를 사랑한다는 것은 관념의 문제가 아닙니다. 그것은 '삶'의 문제입니다. 형제의 짐을 함께 지면서, 즐겁게 웃으면서 가는 것입니다. 짐을 진 사람이나 짐을 맡긴 사람이나 미안함이나 우월감이 전혀 없는 것을 말합니다.

함께 짐을 나누어지는 것은 그냥 즐거울 따름입니다. 뭔가를 하고 있다는 생각도 없고 다른 사람에게 보이기 위한 어떤 느낌이나 감정도 없습니다. 이마에 흐르는 땀을 즐겁게 받아들이는 것입니다. 그냥 삶입니다.

형제의 짐을 함께 지면서,

즐겁게 웃으면서 가는 것입니다.

성찬

오늘 우리는 2개월에 한 번씩 있는 성찬을 나누게 됩니다.[1] 고대교회의 전통이 사라져 버린 작금의 현실이 우리에게 보편적으로 남아 있지만 그 고대교회의 전통을 우리는 성경적이라고 생각합니다. 고대교회는 예배가 있는 곳에 '보이는 말씀'인 성찬이 항상 있었습니다.

교회가 중세의 천 년을 이어오면서 이 전통은 미신적인 요소로 대체되었고, 이에 대해 종교개혁은 회복을 갈망했지만 그 뜻을 온전히 이루지는 못했습니다. 칼빈은 성경을 따라 매 예배 때마다의 성찬시행을 원했지만 제네바 시 당

---

1) 2019년부터 우리 교회는 매주 성찬을 나눕니다. 매주 성찬은 성경의 가르침이기도 하였거니와 칼빈 선생의 염원이기도 했습니다.

국에 의해 거절되었고, 결국 쯔빙글리의 성찬론이 수용되었습니다. 쯔빙글리는 성찬을 은혜의 방편이나 예배의 규범으로 보지 않았습니다. 그의 견해가 개혁교회들 속에 자리를 잡음으로 성찬은 아주 약화되어 버렸습니다.

우리 교회는 초대교회의 성찬의 모습을 회복하기를 소망합니다. 이는 성찬을 행하는 횟수를 회복하는 것이 아니라 성찬의 진정한 의미가 회복되기를 바라는 것입니다. 이러한 측면에서 우리 교회는 말씀을 진지하게 경청하여 성찬의 깊은 의미를 알기 위해 더욱 애써야 합니다. 한편, 온 교회가 그 진리에 풍성하게 참여할 수 있을 때까지 기다리는 것도 현명한 방법이라 생각합니다.

성찬은 주님께서 제정하신 예식입니다(마 26:26~29). 이 예식은 유월절 식사 때에 제정되었습니다(눅 22:8, 14~22). 그러므로 성찬은 유월절 식사를 배경으로 하고 있음이 분명합니다. 또한, 주님은 "잔"을 나누면서 그 잔을 "많은 사람을 위하여 흘리는바 나의 피 곧 언약의 피"라고 하셨습니다(막 14:24).

이 "언약의 피"는 모세가 하나님으로부터 율법을 받은 후 번제와 화목제를 드릴 때에 단과 백성에게 뿌린 그 피를 배경으로 하고 있습니다. 모세는 피를 뿌리면서 "여호와께서 이 모든 말씀에 대하여 너희와 세우신 언약의 피"라고 했습니다(출 24:4~8). 그리고 이스라엘은 하나님을 보며 먹고 마시게 됩니다(출 24:11).

이와 같은 배경을 생각해보면 성찬은 주님과 깊이 연관되어 있고 주님 안에서 그 의미가 더욱 분명해짐을 알 수 있습니다. 유월절 식사는 흠 없는 일 년 된 어린양이었습니다(출 12:4~14). 그 양의 피는 문설주에 발라졌고, 그 피로 말미암아 이스라엘의 모든 초태생은 생명을 보전하게 되었습니다. 또한 그 고기는 그 밤에 이스라엘 백성의 양식이 되었습니다. 그 일을 치른 이스라엘 백성들이 시내산에서 하나님으로부터 율법을 수여 받고 언약예식을 행하는 그 때에도 번제와 화목제의 제물을 먹고 피를 뿌린 것입니다.

화목제 제물을 먹음은 하나님의 식탁에 초청된 것을 의미하며 이제 서로가 연합되었음을 나타냅니다. 그래서 바울은 "제물을 먹는 자들이 제단에 참예하는 자들이 아니냐"(고전 10:18)라고 했고, 성찬을 "주의 상"(고전 10:21)이라고 한 것입니다.

성찬은 예수 그리스도의 죽음이 교회를 위해 친히 받으신 언약의 저주요, 고난 받는 종으로서 교회를 섬기신 표임을 증거하며 동시에 교회가 그리스도와 연합되었음을 나타냅니다. 주님의 죽으심을 기념하는 이유가 바로 여기에 있습니다.

또한, 우리는 성찬을 통해 주의 죽으심을 기념할 뿐만 아니라 성찬에 임재 하시는 부활의 주님과 교제합니다. 나아가 그리스도와의 연합과 교제는 성도 서로 간의 연합과 교제를 충만하게 합니다. 그러므로 우리가 성찬을 나누면서도 교회를 돌아보지 않는다면 '죄'를 짓는 것과 같습니다.

우리는 이러한 성찬을 온전히 누리기를 소망하고 있습니다. 종말론적 대망이 교회 가운데 자리 잡고 있는 것입니다. 완성될 하나님의 나라에서 나눌 기쁨과 희열의 성찬을 소망하며 사는 것입니다.

우리는 오늘 이처럼 놀라운 의미를 지니는 성찬을 나눕니다. 그 의미를 잘 생각하며 또 성찬이 주는 유익과 즐거움을 함께 누리는 귀한 시간이 되기를 소망합니다.

우리가 성찬을 나누면서도

교회를 돌아보지 않는다면

'죄'를 짓는 것과 같습니다.

친구

얼마 전 '친구'라는 영화가 온 나라를 떠들썩하게 만들었습니다. 어떤 TV 방송국에서는 이 영화를 모방한 프로그램을 만들기도 했습니다. 뿐만 아니라 어릴 적 친구를 찾아 주는 인터넷 사이트가 크게 인기를 얻기도 했습니다.

많은 사람이 어릴 적 친구는 평생 친구가 되고, 고등학교 시절 사귄 친구는 가장 믿을 만한 친구라고 합니다. 그러나 대학에서 사귄 친구는 이미 자신의 생각과 가치관이 형성된 뒤에 만난 친구이기에 그냥 그렇게 좋은 이웃 정도로 여긴다고들 합니다.

저는 어릴 적 친구가 거의 없습니다. 물론 초등학교 시절 고향에서 온 동네와 바다를 함께 주름잡던 친구들이 있었습니다. 그러나 장성하여 어른이 된 후에도 서로 연락하며 소식을 전하는 친구는 없습니다. 저의 어린 시절의 성격이 숫기 없는 탓이기도 하겠지만 4학년 겨울 방학 때에 이사 한 이유도 있습니다.

저는 대학에서 사귄 친구가 가장 가까운 친구입니다. 물론 그 숫자가 많지 않지만 그야말로 속사정을 이야기할 수 있는 친구들입니다. 그중에서도 유별나게 가까운 친구가 몇 있습니다.

일반적인 관점에서의 '친구 사귀기'를 생각하면 참 이상한 일입니다. 대학 시절은 어느 정도 가치관이 형성되고 이미 많은 부분에서 자신의 생각이 자리를 잡은 시기입니다. 그래서 서로에게 교감을 갖는다는 것은 쉽지 않은 일입니다. 그러나 저와 저의 친구들은 대학 시절 말씀의 교제를 통해 형성된 관계입니다.

목사라는 직분이 갖는 특수성 때문에 저의 이러한 '친구 사귀기'는 어쩌면 당연한지도 모르겠습니다. 보통 친구라고 하면 같은 나이가 주류를 이루는데, 제 친구들 중에는 서너 살 아래의 사람도 있습니다. 나이가 중요하지 않다는 것입니다.

신학대학원 시절 저는 경제적으로 넉넉지 못했습니다.

어떤 때는 장학금이 그리울 때도 있었습니다. 한 번은 제 친구가 일등을 했습니다. 물론 장학금을 받았습니다. 그 친구는 자신의 장학금 절반을 저에게 주었습니다. 지금 도 이 친구는 자신의 생활비에서 얼마를 저에게 보냅니다.

가끔 이런 친구들을 만납니다. 얼마나 기쁜지 모르겠습 니다. 밤을 새워가며 이야기를 해도 지겹지 않습니다. 저 의 아내는 처음에는 이해할 수 없다면서 늘 의아해했습니 다. 하지만, 지금은 이해할 뿐만 아니라 적극적으로 후원 하기도 합니다.

얼마의 돈이 이런 친구관계로 만든 것이 아닙니다. 저와 친구들이 서로의 삶을 나누고, 심지어는 우리 중 하나가 하 나님의 품으로 갔을 때에 남은 가족들을 책임질 수 있다고 장담하는 이유는 오직 그리스도의 사랑 때문입니다.

복음이라는 것이 바로 우리를 그렇게 만들었습니다. 밤 새워 이야기하고 헤어지면 언제 또 만날 수 있을까를 헤아 려 보는 마음. 상대방이 힘들고 고통스러우면 자신의 일인 양 함께 가슴 아파하는 모습. 어떻게 하면 좀 더 잘 도와줄 수 있을까 이리저리 살피는 마음. 이 모든 마음은 바로 그 리스도의 사랑 때문에 생긴 것들입니다.

저는 우리 성도들이 이런 친구를 아주 많이 사귀기를 희망합니다. 곧 우리 성도들이 바로 그런 친구가 되라고 부탁합니다. 친구들에게 이렇게 혹은 저렇게 해 달라고 부탁하지 말고 내가 바라는 내 친구의 모습을 먼저 보여주는 친구가 되라는 것입니다. 우리는 다 빚진 자들이 아닙니까? '그리스도의 사랑의 빚' 말입니다.

그리스도께서 그 제자들에게 자신을 친구로 소개한 사실을 기억합니다. 우리도 그리스도의 모습을 담아내는 그릇이었으면 좋겠습니다.

"사람이 친구를 위하여 자기 목숨을 버리면 이에서 더 큰 사랑이 없나니 너희가 나의 명하는 대로 행하면 곧 나의 친구라"
(요 15:13~14)

허드슨(Hudson)
선교사님을 기억하며

제가 선교사님을 처음 만난 것은 약 10년 전이었습니다. 작은 키에 검게 탄 얼굴 가득 미소를 머금은 모습에서 나이를 가늠할 수 없었습니다. 팔공산으로 드라이브 겸 산책하러 갔다가 눈(雪)이 내린 것을 보고 마치 어린아이처럼 기뻐하는 모습이 참 신기했습니다. 눈을 처음으로 보았다는 설명을 듣고서야 참 순수하고 깨끗한 분이라고 생각했습니다.

태국 남부에서 마약 중독자들을 위한 재활치료를 한다는 소식을 듣고 복음에 대한 선교사님의 열정을 다시 한 번 생각하게 되었습니다. WIN 선교회의 이 간사님과 한국의 몇 청년들이 재활센터의 건축을 위해 몇 개월 간 태국 남부에 있는 나시통(Na Si Tong)에서 고된 시간을 보냈다는 이야기를 듣고는 복음의 능력이 이 재활센터를 통해 충만해지기를 기도했습니다.

그러던 중 선교사님께서 중풍으로 쓰러지셨다는 소식을 듣고 무척 염려되었습니다. 그 후의 일들에 대해 이 간사님으로부터 간간이 소식을 듣게 되었습니다. 선교사님께서 쓰러지셔서 재활센터가 필리핀에서 온 선교사들에 의해 지역 주민을 위한 교육센터로 이용되고 있다는 소식을 듣게 되었습니다.

얼마 전 선교사님께서 한국에 오셨다는 소식을 들은 저는 무척 반가웠습니다. 중풍 때문에 한쪽 수족을 제대로 사용할 수 없음에도 복음을 위해 자신이 할 수 있는 일을 찾아 나서는 모습이 참 인상적이었습니다. 불편한 몸으로 한국에 있는 선교 지망생들에게 영어를 가르치고 선교 현지의 상황을 상세히 전하는 꼭 필요한 그 일을 선교사님께서 하신다는 이야기를 듣고 참 감격스러웠습니다.

지난 3월 마지막 주일 오후에 선교사님께서 우리 교회를 방문하셨습니다. 불편한 몸을 이끌고 오신 모습에 약간은 죄송스러운 마음이 없지 않았습니다. 약 1시간 반 동안 강의를 듣고 대화하는 가운데 선교사님의 모습은 너무나 평화로웠고 인상적이었습니다.

오랫동안 목회를 한 목사님들도 건강이 좋지 못하면 쉬고 싶어 하고 여생을 편안하게 보내려는 것이 일반적인 모습인데, 자기 몸의 불편을 아랑곳하지 않고 복음을 위해 주어진 환경에서 온 힘을 다하시는 선교사님의 모습은 저에게 너무나 큰 교훈을 주었습니다.

저는 선교사님의 삶 속에서 사도 바울의 모습을 보게 되었습니다. 성경에서 본 사도 바울은 복음전파를 위해 여러 번 목숨을 잃을 위험에 처했고 동족인 유대인들로부터 수많은 핍박을 받았지만, 외부적인 환경에 굴하지 않고 복음을 전하기 위해 온 힘을 다했습니다. 저는 허드슨(Hudson) 선교사님의 모습을 통해 성경에 등장하는 바로 그 사도의 모습을 본 것입니다.

우리 교회가 모이는 예배처소는 아파트의 5층입니다. 선교사님께서 불편한 계단으로 오르내리는 것을 돕기 위해 우리 성도 중 젊은이 몇이 업어서 모시려고 생각했었지만 아무도 그렇게 하지 못했습니다. 일반인들도 오르기 어려운 5층 계단을 그분은 혼자 힘으로, 온전치 못한 몸으로 오르내리셨습니다.

선교사님은 지난 주일 저녁, 대구의 어느 교회에서 강의를 마치고 저녁 식사를 하신 후 대화하시던 중에 하나님의 부름을 받았습니다. 지난 목요일 선교사님의 장례에 다녀왔습니다. 멀리 이국 땅에서 복음을 위해 온 힘을 다하신 선교사님의 모습만큼이나 가족들의 모습도 평온해 보였습니다.

우리도 선교사님처럼 살았으면 좋겠습니다. 허드슨 선교사님을 우리 모두 조만간 뵙게 되겠지요.

선교사님의 삶 속에서 사도 바울의

모습을 보게 되었습니다.

빛바랜 티켓 한 장

가끔 이웃교회의 초청으로 말씀을 전할 기회를 얻게 됩니다. 이 일은 설교자에게 큰 영광입니다. 어디든 언제든, 들어야 할 사람이 있든 없든, 항상 말씀을 전할 자세가 되어있는 것이 설교자의 기본이라 배웠습니다. 그러기에 설교 초청은 가슴에 희열을 가져오게 하는 즐거운 일입니다.

얼마 전 저는 이 희열을 맛보았습니다. 오래전 잠깐 사역했던 교회에서 주일 저녁 예배의 설교자로 저를 초청한 것입니다. 말씀을 전할 수 있다는 그 자체로 기쁨이기도 하지만 한동안 사역했던 교회여서 그 즐거움은 더욱더 컸습니다.

새로 지은 예배당의 아름다움보다 늘어난 성도들의 모습

은 교회의 흥왕함을 직접 눈으로 확인하는 큰 기쁨이었습니다. 예배를 마친 후, 귀엽던 아이들이 어엿한 처녀 총각으로 변해 꾸벅 절하는 모습은 든든함으로 다가왔습니다.

여러 성도와 잠시 다과를 나누며 인사하던 중 당시 제가 맡았던 구역의 한 성도가 눈에 들어왔습니다. 자그마한 체구의 집사님은 여전히 그때 그 모습이었습니다. 진지하게 열심히 말씀을 듣고 있는 모습을 예배 시간에 뵈었는데 훨씬 더 성숙한 신앙을 지니게 되었다는 것을 직감적으로 느낄 수 있었습니다.

반갑게 인사를 나누고 그간의 소식을 간단히 듣게 되었습니다. 그리고는 짧은 한마디 말씀과 함께 봉투 하나를 저에게 주었습니다.

"목사님, 저희 구역을 맡아 말씀을 가르치실 때 낡은 구두가 늘 마음에 걸렸습니다. 가까이 오셨다는 소식은 듣고 있었는데……. 언제 만날 수 있을까 고민했는데 오늘에야 뵙게 되는군요."

10년이 다 되어가는 긴 세월에 아직도 그때의 일을 기억하고 있는 것이 놀랍기도 하거니와, 그것을 그렇게 오랫동안 마음에 묻어 두고 있었다고 생각하니 가슴 깊은 곳에서 왈칵 무엇인가가 울렁거렸습니다.

집에 돌아와 꺼내 든 봉투에는 빛바랜 구두티켓 한 장이 있었습니다. 고급 백화점에서 깔끔하게 포장하여 전달된 멋진 선물을 풀어보는 것보다 제 손은 더 많이 떨렸습니다. 빛바랜 티켓 한 장에 녹아있는 세월이 가슴 떨리는 감격으로 다가왔습니다.

부끄러웠습니다. 마음 모아 그분을 위해 기도해본 기억이 가물거렸습니다. 그 집사님의 두 아이의 이름도 떠오르지 않았습니다. 남편이 신앙생활을 하지 않는다는 사실만 기억에 분명하게 남아 있었습니다.

과분한 대접을 받은 것입니다. 무슨 말씀이 어떻게 그분에게 위로와 힘이 되었는지 알 길이 없습니다. 하지만, 저를 통해 전달된 말씀이 한 영혼의 삶을 더 튼튼하게 만들었다면 그것으로도 설교자의 즐거움은 넘쳐 날 텐데 성도의 마음에까지 늘 남아 있는 특권까지 누렸으니 과분한 것이지요.

빛바랜 티켓 한 장이 저를 더 부끄럽게 만들었습니다. 더 열심히 온 힘을 다해 말씀을 전해야겠다고 다짐해 봅니다. 아마도 그 구두티켓은 한동안 제 손에서 떠나지 않을 것 같습니다.

허상(虛像)

지난 월요일, 저녁 늦게 경주에서 강의를 마치고 포항에서 통학하는 한 학생과 함께 집으로 돌아오는 길이었습니다. 그 학생은 차 안에서 자기 아버지에 대해 이야기를 했습니다. 그 학생의 부모님은 포항의 모 교회에 출석하시는데 두 분 모두 집사님이시라고 했습니다.

그러면서 "저희 아버지는 구원에 대해 잘 모르는 것 같아예."라고 했습니다. 저는 좀 의아해하면서 "집사님이신데 설마 그럴 리가?" 반문했더니, "제 생각에는 그런 것 같아예."라고 했습니다.

그리고는 덧붙이기를 "저희 어머니는 아버지께서 안수집사가 되시면 더 열심히 교회를 위해 충성하고 신앙도 좋아질 텐데."한다는 것입니다. 답답하다는 학생의 이야기는 계속해서 "교회의 다른 성도들은 우리 아버지가 참 신앙이 좋은 분으로 알고 있어예."라고 했습니다.

모든 사람은 항상 한 공동체 이상에 속해 살아갑니다. 각각 나름의 모습과 이미지를 자신이 속한 공동체에 남기게 됩니다. 교회라는 공동체 역시 대동소이(大同小異)합니다. "누구누구 집사는 열정이 대단한 분이야" 라든지, "아무개 성도는 좀 소극적이지?"등등.

한 사람도 예외 없이 누구나 이러한 이미지를 다른 사람에게 남기고 살아갑니다. 그러나 문제는 이러한 이미지가 본의 아니게 왜곡되고 굴절되어 나타나는 것입니다. 물론 자신은 그렇지 않은데 타인에 의해 잘못된 이미지가 심어질 수도 있을 것입니다. 우리는 이것을 '허상(虛像)'이라고 합니다. 곧 '어떤 사람이나 물체의 참모습과는 다른 모습이 어떤 다른 것에 의해서 만들어진 이미지'라는 의미입니다.

교회에는 항상 허상이라는 것이 존재합니다. 허상은 참다운 교제의 부재나 미미한 교제 속에서 자라납니다. 마치 습지고 구석진 곳에 곰팡이가 피듯이 말입니다. 큰 흐름에서의 원인은 성도의 교제에 있다고 보입니다만 세부적인 요소들을 관찰해보면 다양한 원인이 있음을 쉽게 알 수 있습니다.

개인적인 성향이 남들에게 보이기를 좋아하는 것 때문일 수도 있고, 반대로 성격적으로 소극적이어서 자신의 내면을 잘 내어 보이지 않기 때문일 수도 있습니다. 그런가 하면 받아들이는 쪽에서 왜곡하여 생기는 이미지도 있으며 다른 사람의 평가에 의한 선입관 때문일 수도 있습니다.

어떠한 원인이든지 간에 교회는 이 허상을 아주 조심스럽게 다루어야 합니다. 그렇지 않으면 잘못된 판단 탓에 피해를 당하게 됩니다. 그래서 성도의 교제에서 기본적 요소 중 한 가지는 '솔직함'입니다. 자신의 내면을 있는 그대로 표현하는 것입니다. 어떠한 과장이나 축소가 없는 내 모습 그대로를 보여야 합니다.

허상은 또 다른 허상을 낳습니다. 결국, 교회의 모습을 진단할 때 아주 좋지 않은 결과를 가져오게 됩니다. 특별히 직분자를 선정하는 부분에서 치명적 결함을 교회에 안기게 됩니다. 이미 한국의 많은 교회의 문제의 발단은 직분자들에 의해 시작되고 있는 것을 우리는 경험을 통해 확인하고 있지 않습니까?

우리 교회도 예외가 될 수 없습니다. 누구든지 서로에게 잘못된 이미지를 보였거나 안고 있다면 빠른 시일 안에 이 문제를 해결해야 합니다. 우리 모두 우리 자신의 어떤 허상이 다른 성도들에게 각인되어 있는지 세심하게 살피고 그 허상을 제거함에 최선의 노력을 기울일 수 있기를 바랍니다.

성도의 교제에서

기본적 요소 중 한 가지는

'솔직함'입니다.

'어리다'는 말이 지닌 함정

　우리는 대화 가운데 어리다는 말을 종종 사용합니다. '어리다'라는 것은 나이가 적은 경우를 일컫는 말입니다. "영희는 철수보다 어리다."라고 할 때, 이 말의 의미는 영희가 철수보다 나이가 적다는 의미가 됩니다. 그렇지만 어리다는 말이 이런 의미 외에도 다른 의미로 쓰일 때도 있습니다. 즉, '경험이 적거나 수준이 낮다'라는 의미로 사용되기도 합니다.

　신앙생활에도 이 말은 곧잘 사용됩니다. 믿음을 가진 지얼마 되지 않거나, 혹 믿음의 연수가 오래되었다고 해도 그신앙이 자라지 않은 사람을 볼 때 '어리다'라는 말을 사용합니다. 신앙생활을 한 지 얼마 되지 않은 사람들에게 '경험이 적거나 수준이 낮다'라는 의미로 사용하지만, 오랜 신앙 생활을 했음에도 말씀에 대한 이해나 하나님에 대한 이해가 현저하게 낮을 때에는 경험과 관계없이 '수준이 낮다'는 의미로 이 말을 사용합니다.

"한국교회는 대체로 어립니다."라고 할 때 이 말은 많은 경험이 있기는 하지만 말씀에 대한 이해에서 그 연수에 훨씬 미치지 못한다는 의미를 담고 있습니다. 어른이면서 어린아이와 같다는 것입니다.

한국교회에 대한 이러한 평가는 사실 썩 기분 좋은 것은 아닙니다. 사람이 나이가 들면 그 연령에 맞게 생각이나 행동도 성숙해져야 하는 것이 당연합니다. 그런데도 그렇지 못하다고 하는 것은 참 안타까운 일입니다. 결국 어리다는 말은 상황과 현실을 정확하게 진단하는 말이기는 하지만 그렇게 좋은 의미로 사용되고 있지는 않습니다.

그러나 우리는 이 말을 최근에 아주 모호하게 사용하는 예를 종종 만납니다. 물론 말 자체의 의미가 변한 것은 아니지만, 그 사용하는 용례에서 관대함의 의미를 첨가하고 있습니다. 이미 어리다는 말 자체에 관대함이 뒤따라 나오는 것이 인지상정입니다만, 그럼에도 더 많은 관대함을 요구합니다. 다시 말해 어떻게 해도 괜찮다는 '방임'의 의미까지 첨가시킨 것입니다.

이러한 현상은 성도 개인에게도 그대로 나타납니다. 어떤 성도가 정상적인 신앙인의 모습을 보이지 못할 때에 '어리다'라고 말합니다. 그런데 문제는 그다음부터입니다. 즉, 어리다고 말하고 난 뒤 아무런 언급이 없다는 것입니다. 그 한 마디가 그 사람의 모든 약함을 덮어 버리는 것입니다. 이럴 때 그 성도에 대한 평가는 될지언정 결코 바람직한 것은 아닙니다. 마치 어리다고 한마디 함으로 자신의 부족과 실수에 면죄부를 주는 것으로 받아들이기 때문입니다.

여기에 어리다는 말에 함정이 있습니다. 어리다는 말은 결코 그 사람의 실수와 약함에 면죄부를 주는 것이 되어서는 안 됩니다. 오히려 자신의 상태에 대한 정확한 평가와 더불어 지금 자신이 어떤 위치에 있는가를 깊이 상고하는 계기가 되어야 합니다. 그리하여 자신의 부족과 약함의 원인이 어디에 있는지, 내가 이 약함과 부족에 어떻게 대처할 것인지를 생각하고 조언을 구하며 기도해야 할 중요한 사안이라는 인식으로 나아가야 합니다.

어리다는 말은 더 많은 기도와 말씀 연구와 자신의 삶에 대한 더 민감한 안목을 요청하는 청원서와 같은 것이어야 합니다. 이 말은 하나님의 긍휼과 성령의 강한 간섭과 인도하심을 갈망하는 절규를 동반한 탄식이어야 합니다. 자신의 부족과 실수에 대한 공적인 회개와 말씀으로 살겠다는 분명한 결단, 그리고 그 결단을 위한 실천으로서 자신을 버리는 희생이 동반되어야 합니다. 우리는 참 '어립니다'.

겁(怯) 없는 도전

영래는 영빈이에 비해 도전 정신이 강한 편입니다. 전반적으로 볼 때 그렇다는 것입니다. 사안에 따라서는 영빈이가 훨씬 강할 때도 있습니다. 자전거를 처음 탈 때나 롤러블레이드를 처음 탈 때를 보면 더욱 그런 생각이 많이 납니다.

영래는 부상당하는 것을 별로 두려워하지 않는 듯 불안하기도 하지만 곧잘 시도해 봅니다. 그러다가 넘어져 무릎에 멍이 생기기도 하고, 심한 경우는 피를 흘릴 때도 있습니다. 그러나 영빈이는 '씽씽'을 처음 탈 때 조금만 위험하다고 판단되면 그냥 발을 내려 버립니다. 그래서 안전하기는 하지만 큰 재미를 못 느끼는 경우를 종종 봅니다. 도전

정신은 이렇게 다칠 것을 두려워하지 않는 마음에서 출발하는 것인가 봅니다.

저는 아주 소극적인 사람입니다. 어렸을 때는 굉장히 위험스런 행동을 많이 한 것으로 기억됩니다. 그래서 몇 군데 영광의 상처(?)를 남겼습니다. 그런데 언제부터인지 모르게 아주 소극적인 사람으로 변했습니다. 아마도 복음을 깨닫고 난 뒤에 일어난 현상 같습니다.

어떤 분들은 복음을 깨닫고 난 뒤 훨씬 적극적으로 바뀌었다는 분도 있습니다만 저는 그렇지 못합니다. 복음의 기본정신이 인간의 전적부패와 무능을 기저(基底)로 하고 있기 때문이 아닐까 혼자 생각해 봅니다.

그러나 교회라는 공동체를 경험하고부터는 매우 적극적으로 변해야 할 부분이 있음을 깨닫게 되었습니다. 그중에 한 가지가 '교제(交際)'라는 것입니다. 교제의 사전적 의미가 '서로 사귀는 것'이라고 정의합니다만 '성도의 교제'라는 것은 단순히 서로 사귀는 것을 훨씬 뛰어넘는 그 무엇입니다.

성도의 교제는 '성령으로 말미암은 교제'입니다. 왜냐하면, 성도의 교제는 '성도'라는 신분 자체가 가지는 독특한 의미로 인해 제한되고 규명되기 때문입니다. 성도라는 신분은 이 세상에 속한 사람이 아님을 드러냅니다. 이 신분은 하늘에 속해 있습니다. 그래서 성도가 되는 것은 하늘의 사역, 곧 성령의 역사로 말미암아 나타나는 결과물입니다. 그러므로 성령의 사역은 성도의 교제를 교제 되게 하는 동인(動因)입니다.

이러한 성령의 사역은 교회 가운데 성도의 교제를 통하여 그 모습을 나타냅니다. 그래서 성도의 교제는 성도 각자가 성령의 인도하심에 매우 민감할 때에 그 기능이 정상적으로 이루어지게 됩니다. 이 성령의 인도하심과 도우심에 우리는 매우 적극적이어야 합니다. 어떤 분들은 이것을 '순종'이라는 말로 표현하기도 합니다.

우리는 부지런히 성령의 인도하심과 도우심에 순종해야 합니다. 나의 못난 부분을 다른 성도들에게 알림으로 말미암아 나타날 불이익에 대해 무서워할 필요가 없습니다. 나의 단점이 공동체 가운데서 드러난다고 해도 겁낼 필요가 없습니다. 어쩌면 이러한 두려움은 사탄의 얄팍한 유혹일 수도 있습니다.

아침저녁으로 서늘한 바람이 잠자는 아이의 모양을 움츠리게 합니다. 가을인가 봅니다. 우리 모두 겁 없는 도전에 함께 합시다. 무서워서 무엇인가를 하지 못한다면 그것이 주는 즐거움과 기쁨도 누릴 수 없다는 것을 우리는 모두 너무나 잘 알고 있습니다. 괴로움과 고통이 따를 수도 있습니다. 어쩌면 아주 흉측하고 보기 싫은 상처를 몸에 지니게 될지도 모르겠습니다. 그럼에도 우리 모두 겁 없는 도전을 합시다.

행복한 목사

처음 신학을 공부하기 위해 신학교에 입학했을 때의 일입니다. 무슨 수업시간이었는지는 정확히 기억나지 않지만 한 교수님의 목회 경험담이 그렇게 재미있을 수 없었습니다. 제가 경험해 보지 못한 숱한 이야기들은 그야말로 달콤한 한 편의 드라마를 보는 듯했습니다.

그 수업 시간에 들었던 내용이 아직도 귓전에 생생한 것들이 있습니다. 그 중 가장 충격적이었던 것이 "여러분! 목사가 되면 절대로 평신도들과 목욕탕에 함께 가지 마세요."라는 것이었습니다. 처음에는 '느닷없이 웬 목욕탕?'이라고 생각했는데, 곧이어 교수님께서 친절하게 설명을 덧붙여 주셨습니다.

내용인즉 성도들과 목사가 너무 가깝게 지내면 거룩성이 떨어지고 목사의 단점이 노출되면 목회에 어려움이 많기 때문이라는 것이었습니다. 그 이야기가 얼마나 충격적이었던지 저는 그 문제로 한참이나 고민하였습니다.

'목사는 무슨 재미로 살지? 내가 너무 세속적인 것에 관심을 두고 있나? 성도들과 깊은 교제를 나누는 것이 세속적인가? 목사는 항상 거룩한 척, 도도한 척, 평신도들과는 비교가 안 되는 신앙을 가진 것처럼 그렇게 위선적으로 살아야 하는가?'

한 목사님을 만났습니다. 최근에 일어난 일들을 서로 주고받던 중, 목사로서의 삶에 어려움으로 다가온 몇 가지를 이야기해 주셨습니다. 그분은 자기 교회의 성도들이 자신을 볼 때, 같은 신앙을 가진 성도의 모습보다 무엇인가 덧칠해진 자신을 보고 있다고 하셨습니다.

그래서 그분은 어느 주일 설교 중에 자신의 단점 두 가지를 성도들에게 고백하였다고 했습니다. 그 고백 이후 자신의 마음이 훨씬 가벼워졌고 목사로서의 사역에도 큰 유익이 있었다고 했습니다.

그러시면서 교회는 가족과 같아야 하는데 대부분의 성도

와 목사들은 무엇인가에 가려져, 있는 그대로의 자신이 아니라 무엇인가로 채색되어진 모습으로 서로 교제한다는 것입니다. 목사님 자신도 그러한 면이 많이 있다고 하시면서 참으로 안타까워하셨습니다.

성도와 성도가 만나 아무런 숨김없이 자신을 노출하고 교제하는 것이 얼마나 아름답고 복된 것이냐고 토로하셨습니다. 당신 자신은 그러하고 싶다고 하셨습니다. 저는 그 말을 들으면서 '이 분이야말로 참 목사구나!'라고 생각했습니다.

신학교 시절 그 교수님의 조언이 한편으로 이해되지 않는 바는 아니지만, 그것은 너무나 경직된 가르침이라는 생각을 하게 됩니다. 비록 성도의 교제를 통해 약점과 아픔이 노출된다고 하더라도 그리 두려워해야 할 이유가 무엇인지 다시 한 번 곰곰이 생각해봅니다.

문제는 제 안에 있는 교만입니다. "목사님의 신앙이 저 정도밖에 되지 않나?"라는 그 평가가 자신의 자존심을 건드리기 때문일 것입니다. 결국은 사람들의 평가가 두려움으로 다가오는 것입니다.

"교회는 그리스도의 몸이다"라는 바울의 말을 인용하지 않더라도 성도의 교제는 교회를 교회 되게 하는 한 축임을 익히 잘 알고 있습니다. 서로의 약점을 위해 함께 기도하고 안타까워하며 그 약점을 자신이 대신 감당하려는 아름다운 모습을 상상해 봅니다.

"그런 교회는 너무 이상(理想)일까요?"라고 말씀하시던 그 목사님의 얼굴이 떠오릅니다. 저는 행복한 목사이고 싶습니다. 교회가 크게 수적으로 성장하여 뭇 목사님들과 교회 지도자들에게 선망의 대상이 되는 것 보다, 한 사람의 우리 교회 성도에게 "우리 목사님은 내 마음의 아픔을 이해해 주시는 분이야."라는 평가를 듣고 싶습니다. "OO 성도는 내 약점을 이해하고 그것을 덮기 위해 노력하는 성도지요."라고 다른 사람에게 소개할 수 있는 성도들이 있는 교회. 그런 성도들과 교회 된, 그 교회의 목사이고 싶습니다. 저는 행복한 목사이고 싶습니다.

말
씀
과

더
불
어

살
기

무엇이 다를까?

　민호 엄마는 불안한 마음을 감출 길이 없어 외출할 준비를 했습니다. 민호가 고3이 되면서 더욱더 착잡한 마음이 들었습니다. 갓바위(대구 팔공산에 있는 돌부처가 서있는 산으로 입시철이 되면 많은 사람들이 찾는 곳입니다.)에라도 가야겠다고 생각했습니다. 대충 돈을 준비하고 가벼운 보살 차림으로 팔공산행 좌석 버스를 탔습니다.

　가까워진 입시 때문에 민호에게 불안한 마음을 보일 수도 없고 그렇다고 남편에게 말할 수도 없었습니다. 갓바위 입구에 내리니 어찌나 사람이 많은지 마치 시장 같았습니다. 그러나 지나치는 사람들의 얼굴은 모두 심각합니다.

　자주 다니는 길이건만 오늘따라 왜 이렇게 힘이 드는지

아직 정상까지는 까마득한데 목까지 숨이 찹니다. 잠시 길 옆에 자리를 잡고 앉았습니다. 모두 올라가면서 중얼거립니다.

"아참! 약사여래불."

속으로 힘차게 외우고 오르니 힘이 솟구칩니다.

갓바위 부처님 앞에 서니 이마에 땀이 배어나옵니다. 잠시 숨을 멈추고 간곡히 빌어봅니다.

"어떻게 하든지 우리 민호가 꼭 좋은 성적으로 대학에 들어가길…."

한 번, 두 번, 세 번, 절을 하기 시작합니다. 서른 번, 서른한 번.

다리가 후들거리고 등에서 땀이 주룩 흘러내립니다. 그래도 민호 엄마는 그칠 줄 모릅니다. 기어이 백 번을 채웁니다.

그제야 마음이 편안해지는 것을 느끼는 모양입니다. 그러나 몸은 천근만근 꼼짝도 하기 싫은 듯 부처님의 눈만 지긋이 바라볼 뿐입니다. 그러다 한참 만에 일어난 민호 엄마는 가방을 열고 준비한 봉투를 들고 시주를 받고 있는 스님 쪽으로 갑니다. 주소와 민호의 생년월일, 이름을 적고 '입시기도'라고 적어냅니다.

사막에서 우물을 만난 사람처럼 환한 얼굴로 산을 내려갑니다. 얼마나 지났을까, 드디어 민호의 이름과 주소가 불리고 스님의 기도가 산기슭 곳곳에 설치된 스피커를 통해 흘러나옵니다. 민호 엄마의 얼굴은 더없이 흡족한 표정입니다. 발걸음 또한 한결 가벼운 모양입니다.

가을 날씨가 초겨울 날씨 마냥 차갑습니다. 새벽 4시라 아직도 도시가 고요합니다. 가끔 택시들이 무서운 속도로 질주합니다. 김 집사는 겨울 잠바의 옷깃을 여미며 방금 지나간 택시의 번호판을 힐끗 쳐다봅니다. 그리고는 다시 종종걸음으로 걷기 시작합니다.

예배당 문을 살며시 열고 들어가니 박 집사는 벌써 자리를 잡고 앉아 있습니다. 새벽기도회가 시작되려면 아직도 20분은 더 있어야 합니다. 김 집사의 기도제목은 한 가지입니다. 아들 재형이의 대학 입시가 그 내용입니다. 지난해 재형이가 S대학에 떨어지고 난 후 한 번도 빠진 적이 없는 새벽기도회입니다.

재수하는 재형이가 이번만은 꼭 원하는 S대학에 들어갈 것을 기대하고 있습니다. "하나님, 우리 재형이가 이번에는 꼭 S대학에 들어가게 해주십시오."

오늘은 그래도 마음이 푸근합니다. 주일이라 재형이가

평소보다 늦게 도서관에 가기 때문에 목사님의 설교가 끝난 후에도 한참이나 기도할 수 있는 시간이 있기 때문입니다. 목사님의 설교가 끝난 후 2시간 동안이나 김 집사는 아들 재형이의 입시를 위해서 기도했습니다. 돌아오는 김 집사의 얼굴은 홍조를 띠고 있습니다.

일주일 동안 실컷 하나님께 부탁한 것입니다. 오늘은 감사헌금을 더 많이 내야겠다고 다짐합니다. 그리고 목사님에게 재형이를 데려가 안수기도를 받아야겠다고 생각했습니다. 목사님께서 언제 시간이 되시는지 사모님께 여쭈어봐야겠다는 생각이 듭니다.

'지성이면 감천이라고 나의 이 정성이 하나님의 마음을 움직여줄 것이야.'라고 속으로 자족해봅니다. 시청 뒤 명월산 너머로 태양이 붉게 타오르고 있습니다. 김 집사의 얼굴은 더없이 행복해 보입니다.

건강지수

　계절이 바뀌면서 사람들 사이에서 나타나는 변화 중 하나는 감기 환자들이 많아지는 것입니다. 갑작스러운 온도 변화는 건강이 좋지 못한 사람들에게 불청객과도 같습니다. 지난주 저도 한참이나 고생했습니다.

　감기나 잔병에 비교적 걱정 없이 지내왔는데 몇 해 전에 건강이 좋지 않게 된 이후로 이런 일에 상당히 조심하게 됩니다. 건강할 때에는 별로 개의치 않고 행동하던 일도 이제는 여간 신경 쓰이는 게 아닙니다.

　과학이 발달하고, 덕분에 사람들의 수명이 길어지면서 건강에 대한 관심은 높아져갑니다. 주어진 생에서 더 즐겁고 행복하게 살고자 하는 인간의 욕망이 한층 강렬해진 것입니다.

건강에 대한 관심이 높아지면서 건강을 숫자로 표시하여 그 정도를 알아보는 '건강지수'라는 것이 있습니다. 건강지수는 인간 신체의 기능을 일곱 가지로 분류하여 그 상태를 조사하는 것입니다. 근력, 근지구력, 심폐지구력, 유연성, 민첩성, 순발력, 평형성이 바로 그것입니다. 최근에는 여기에다 몸속에 쌓여있는 체질량 지수를 추가하기도 합니다.

그래서 적절하게 운동을 하면 체질량 지수가 낮아지고 위의 일곱 가지 기능들이 강화됩니다. 그렇게 되면 건강지수가 높아지는 것입니다. 이러한 사실을 과학적으로 증명하는 사례도 있습니다.

실제로 모 대학의 한 교수는 40대 중년 여성 40명을 대상으로 연구한 결과를 발표하기도 했습니다. 그 내용은 꾸준히 운동하는 20명, 운동하지 않는 20명, 운동하는 사람들 가운데 비만 체형인 10명과 정상인 10명, 운동하지 않은 사람들에서도 정상인 10명, 비만 체형인 10명으로 분류하여 건강상태를 조사했습니다.

그 연구에서 아주 재미있는 결과가 나왔습니다. 운동하면서 비만 체형인 사람이 운동하지 않는 정상인 사람보다 질병에 걸릴 확률이 현저히 낮게 나타났다는 것입니다. 비만 체형을 가진 사람이라도 꾸준히 운동하면 고혈압이나 심혈관 질환, 뇌졸중, 당뇨병 등에서 운동하지 않는 사람보다 안전하다는 것입니다.

2002년이 거의 다 지나갑니다. 이제 며칠 있으면 또 한 해를 마무리해야 합니다. 건강에 대한 관심이 더욱 높아가는 것을 보면서 우리 자신의 '영적 건강지수'를 점검해보아야겠습니다. 말씀 읽는 생활, 기도 생활, 서로 돕고 사랑하는 생활, 자기를 살피는 생활, 교회에서의 헌신 생활, 섬김의 생활, 학교에서의 생활, 직장에서의 생활 등등.

평소에 꾸준히 운동으로 단련한 사람은 작은 질병에도 잘 견딜 수 있을 뿐 아니라 자신에게 맡겨진 일들도 잘 감당합니다. 평소 자신의 영적 생활을 위해 애쓰고 노력한 성도들은 어떤 시련이나 역경이 불어 닥쳐도 승리의 개선가를 부를 수 있습니다.

그러나 영적 삶에 아무런 노력도 기울이지 않은 성도는 조그마한 문제에도 쉽게 상처를 입을 뿐만 아니라 자신에게 맡겨진 작은 사역도 제대로 감당할 수 없습니다. 성도들은 교회를 통하여 영적 건강지수를 점검받을 수 있습니다.

어린아이에게는 부모의 보살핌이 필수적입니다. 아이가

부모의 간섭과 훈계가 싫어서 자기 멋대로 살아간다면 그 아이는 건강하게 자랄 리가 없습니다. 고른 영양섭취를 위해 편식을 나무라고 튼튼한 몸을 위해 적당한 운동을 권하는 부모의 말씀을 거부한다면, 그 아이는 곧 건강을 해치게 되리라는 것을 쉽게 알 수 있습니다.

건강한 사람과 그렇지 못한 사람은 환절기를 지나보면 쉽게 구별됩니다. 교회도 마찬가지입니다. 환절기를 겪은 교회는 건강한 성도와 그렇지 못한 성도가 확연히 구분되는 것을 알 수 있습니다. 오히려 환절기를 겪는 것 자체는 큰 문제가 아닐 수 있습니다. 건강하지 못한 것이 발견되었다면 빨리 치료하는 지혜가 필요합니다. 우리 모두 영적 건강지수를 검사해봅시다.

기도에 대한 바른 이해

　세상에는 많은 종교가 있습니다. 그 많은 종교에는 하나같이 기도가 있습니다. 우리에게 익숙한 불교에도 기도가 있습니다. 그래서 어떤 불교 신자는 백일기도를 한다느니 천일기도를 한다느니 하는 경우를 종종 봅니다.

　우리 기독교에도 기도가 있습니다. 그러나 우리의 기도가 다른 어떤 종교에서 말하는 기도와 다른 것이 있는데, 그것은 바로 '하나님 중심성'입니다. 대개 사람들은 기도를 인간의 약함에 대하여 신에게 그 약함을 보완해주고 자신을 지켜주며 더 발전하게 해달라는 일종의 요청으로 이해합니다. 그러나 그리스도인은 그것을 기도라고 말하지 않습니다.

성도의 기도는 가장 먼저 '하나님의 뜻'에 대한 이해를 요구합니다. 즉 인간의 생각과 뜻대로 하나님이 움직여달라고 하는 것이 아니라 하나님의 뜻이 무엇인지 분명하게 깨닫게 해달라는 것입니다. 그리고 그 뜻에 자신을 복종시키는 것을 바른 기도라고 합니다.

예수님께서 마태복음 6장에서 기도에 대하여 분명한 말씀을 우리에게 주셨습니다. 마태복음 6장 5절에 보면 "너희가 기도할 때에 외식하는 자와 같이 되지 말라"라고 주의를 주셨습니다. 즉 다른 사람에게 기도하는 것을 보이기 위해 기도하지 말라고 하셨습니다. 그리고 6절에서 "은밀한 중에 기도할 것"을 말씀하시고, 7절에서는 "이방인과 같이 중언부언하지 말라"고 하셨습니다.

이방인과 같이 기도한다는 것은 무슨 의미일까요? 계속해서 마태복음 6장을 읽어보면 이것에 대하여 분명하게 가르치고 있음을 알 수 있습니다. 마태복음 6장 25절 이하에 보면 "목숨을 위하여 무엇을 먹을까 무엇을 마실까" 염려하지 말라고 하십니다. 또한 "몸을 위하여 무엇을 입을까 염려하지 말라"라고도 하십니다.

이것들은 인간이 세상을 살아가면서 마주치게 되는 기본적인 문제입니다. 즉 의식주의 문제입니다. 우리 주님께서는 이러한 의식주 문제는 기도할 성질의 것이 아니라고 하셨습니다.

그래서 마태복음 6장 26~30절에서 그렇게 기도하는 것이 왜 무익한 것인지에 대하여 "들의 백합화", "공중의 새"를 예로 들면서 설명해주셨습니다. 그리고 31절에서 "그러므로 염려하여 이르기를 무엇을 먹을까 무엇을 마실까 무엇을 입을까 하지 말라"라고 하셨습니다. 계속해서 32절에서 주님은 분명하게 못을 박고 있습니다. "이는 다 이방인들이 구하는 것이라."

우리는 이방인들처럼 기도하고 있지는 않습니까? 우리 자신을 잘 돌아봐야겠습니다. 혹 기도하는 것조차 잊어버리지는 않았습니까? 주님께서는 우리에게 무엇을 위해 기도할 것인지 분명하게 말씀하셨습니다. "너희는 먼저 그의 나라와 그의 의를 구하라."

복음을 바르게 깨달은 자들은 이 하나님의 말씀을 이해하고 이 말씀에 순종할 것입니다. 그러나 어린 성도들은 자신의 생각을 따라 간구할 것입니다. 이러한 자리에 있는 성도들은 속히 자신의 기도가 잘못되었음을 깨달아야 합니다. 그래서 주님께서 원하시는 기도를 드려야합니다.

성도들 모두 온 힘을 기울여 '하나님의 나라와 의'를 위하

여 기도합시다. 물론 인간의 얄팍한 노력으로는 아무것도
할 수 없다는 사실을 인식하면서 기도해야겠습니다.

명예박사 학위 수여 유감

학기를 시작하면서 참 답답한 마음이 이루 말할 수 없었습니다. 개인적으로 강의 과목에 대한 실망을 넘어 온종일 목사로서의 저 자신에 대한 의무와 그것의 구체적 적용에 대한 고민으로 하루를 보냈습니다.

몇 개월 전, 고신대학교 홈페이지를 통해 대한축구협회장에게 보건학 명예박사 학위를 수여한다는 기사를 읽게 되었습니다. 어떤 사람의 아이디어인지 알 수 없지만 참 어이없는 소식이었습니다.

그 후, 다수의 사람이 이 사건에 대한 다양한 의혹과 더불어 신학적 해석을 요구하는 글을 학교 홈페이지에 올리기도 하였습니다. 그리고 '이러한 일이 개혁신학을 추구하

는 고신대학교에서 가능한가?'라는 사적인 토론과 대화가
더러 있었습니다.

학위를 수여한 학교 측 담당자는 "정OO 회장은 국민 화
합과 국민 정신건강을 포함한 국민 보건 증진에 크게 이바
지하였으므로 보건학 박사학위를 수여하는 것"이라며 "무
엇보다 하나님 나라의 핵심 기관이며 개혁주의 기독종합대
학교인 본교가 선교사들에게 복음의 접촉점을 대폭 강화해
준 공로로 하나님 나라 관점에서 평가하여 결정하였다."라
고 밝혔습니다.

이 소식을 접한 저는 이 학교의 신앙과 신학의 수준을 가
늠하게 되었습니다. 말씀과 진리에 대한 심각한 결함을 뛰
어넘어 이제는 세속화로 나아가고 있다고 판단하게 되었습
니다. 이 학교가 속한 교단의 목사이자 학생으로서 어떤 자
세를 취해야할지 난감한 마음을 금할 수 없었습니다.

학교 관계자의 말처럼 "선교사들에게 복음의 접촉점을
대폭 강화해준 공로"가 과연 명예박사 학위를 줄 사안인지,
그 전에 "복음의 접촉점"이 신학적으로 어떤 가치가 있는지
를 생각해보아야겠습니다.

종교개혁 이후 개혁신학의 가장 큰 특징 중 한 가지는 '하
나님 주권에 대한 강조'입니다. 칼빈(Calvin)은 그의 기독

교강요 4권에서 교회를 논하면서 "교회의 기초는 하나님의 은밀한 선택"이라고 언급했습니다. 저는 칼빈의 말이 복음의 접촉점에 대한 가장 성경적인 답변이라고 생각합니다.

바울이 사도로서 그의 사역을 감당하면서 이방인들에게 복음을 전할 때에 그들과의 훌륭한 접촉점을 제공해준 그 어떤 것들에 대해 감사를 표한 적이 있는지, 그러한 대상들에게 상급이 있다고 말한 적이 있는지 우리는 자세히 살펴보아야 합니다.

모든 것을 양보하여 "선교사들에게 복음의 접촉점을 대폭 강화해준 공로"를 인정한다고 하더라도 그것이 과연 학위 수여의 근거가 될 수 있는지는 여전히 의심스럽습니다.

이러한 논리라면 우리 주위에 복음의 접촉점을 제공해준 기관과 개인이 얼마나 많이 있습니까? 교회에 출석하면서 자선사업을 하는 자선사업가, 연예인, 기업인, 과학자, 정치인들, 심지어는 가장 세속적인 방법으로 기업을 운영하는 기업인들까지….

저는 지금 정OO 회장의 자질에 시시비비(是是非非)를 따져야 한다는 것이 아닙니다. 저는 그분의 삶과 생활, 특별히 종교생활에 대하여는 아는 바가 없습니다. '신학대학은 그 시대 교회의 좌표이어야 한다.'라는 이 평범한 원리가 훼손되어가고 있음에 안타까운 마음이 들어 소리쳐보는 것입니다.

　학기를 시작하면서 목사로서, 그리고 학생으로서의 저 자신의 위치와 의무에 대해 고민해봅니다. 침묵하는 것만이 능사가 아니라는 것도, 분별없이 소리치는 것도 문제의 해결에 도움이 되지 않음을 생각하면서 착잡한 심정을 십자가 앞에 놓아봅니다.

선교란?

오늘 우리 교회에서는 말레이시아에서 오랫동안 선교사역을 해온 허드슨(Hudson Lee) 선교사님을 모시고 선교 특강을 듣게 됩니다. 이러한 일들은 많은 교회에 자연스러운 일이 되었습니다. 이는 한국의 교회들이 그만큼 선교를 중요하게 여기고 있음을 드러내기도 하고, 또 이러한 일들이 선교를 더 가깝게 느끼도록 하기도 했습니다.

그러나 이러한 분위기에도 불구하고 한국교회 성도들은 아직도 선교와 선교사에 대한 막연한 생각들이 많으며 선교가 무엇인가에 대한 이해도 어린 상태를 벗어나지 못하고 있습니다. 곧 선교사는 국내에서 복음을 전하는 사람들과는 뭔가 다른 '특별한 사람'이라는 것과 또 그들이 '더 헌신적인 사람'이어야 한다는 것입니다.

우리는 이러한 분위기에서 성경에서 말하는 선교의 개념을 바르게 세우는 것이 무엇보다도 중요한 일이라 하겠습니다. 성경에 선교라는 말은 없습니다. 선교라는 용어는 성경을 연구하는 사람들이 만들어낸 단어입니다. 그러하기 때문에 이 용어는 성경적 의미로 재해석되어야 합니다. 어떤 용어를 사용하느냐보다 그것이 어떤 의미로 사용되느냐가 더 중요하기 때문입니다.

성경은 선교 대신 몇 가지 다양한 용어들을 사용합니다. 마태복음 4:23에서는 "천국 복음을 전파하시며"라고 하며 마가복음 1:38~39은 "전도"라는 용어를 사용하고 있습니다. 또한 누가복음 4:43은 "하나님의 나라 복음을 전하여야 하리니"라고 했고, 갈라디아서 2:2은 "이방 가운데서 전파하는 복음"이라고, 골로새서 1:23은 "너희 들은 바 복음의 소망", 데살로니가전서 2:9은 "너희에게 하나님의 복음을 전파하였노라"라고 했습니다. 사도행전 28:23, 31에서는 "하나님 나라를 증거하고", "하나님 나라를 전파하며"라고 했습니다.

마가복음 1장에 나오는 "전도"는 헬라어로 케루스소(κηρύσσω)라고 하는데, 이 단어는 '전파하다, 선포하다'

라는 뜻입니다. 이 '선포하다'라는 말이 마태복음, 누가복음 그리고 서신서에서 그대로 사용되고 있습니다. 이러한 측면에서 본다면 선교라는 것은 선포하는 것입니다. 그런데 마태복음, 누가복음, 사도행전에서 특징적으로 나타나는 것은 '하나님 나라를 선포하거나 증거한다'라고 하는 것입니다.

이러한 것들을 모두 고려해 볼 때, 선교란 하나님 나라의 복음, 곧 하나님 나라를 증거하는 것이라고 할 수 있겠습니다. 우리가 편의상 사용하는 '전도', '선교' 이러한 용어를 통한 구분은 성경에서 찾아볼 수 없습니다. 그러므로 우리 역시 이러한 구분이 별 의미가 없다는 것을 깨닫습니다. 그러므로 우리는 성경의 기록을 그대로 따라 "복음전파"라는 용어를 사용하는 것이 가장 좋습니다.

복음전파의 핵심 내용이 '하나님 나라의 증거'라는 것은 시사하는 바가 큽니다. 우리가 복음을 전할 때에 하나님 나라를 말하지 않는다면 그 복음전파는 핵심을 놓친 것이 됩니다.

이러한 측면에서 본다면 복음전파자가 하나님 나라를 이해하는 것은 가장 기본적인 요건입니다. 이것이 없다면 마치 덧셈 뺄셈을 겨우 하는 초등학생이 다른 친구들에게 자기도 모르는 미분과 적분을 이야기하는 것과 같은 것입니다. 좀 더 극단적으로 말하면 의과대학에 갓 입학한 의대생이 수술한다고 메스를 잡는 것과 같은 이치입니다. 그러므로 복음전파자는 항상 하나님 나라를 전해야 하고, 그 나라에 대해 가르쳐야 합니다. 이를 통해 복음전파자는 '교회 건설'이라는 목적지에 이르러야 합니다. 곧 복음전파자의 선포 내용은 하나님 나라이며 그것을 통해 교회를 건설해야 합니다.

이와 같은 성경의 가르침을 생각하면서 선교사님의 강의를 듣고 이해해야겠습니다. 더불어, 우리와 다른 문화와 환경에서 하나님의 복음을 믿고 생활하는 성도와 교제하는 즐거움을 누릴 수 있다면 더없이 행복할 것입니다.

기도와 병

지난 월요일 평소 가깝게 지내던 목사님을 뵈었습니다. 우리 교회가 수요일마다 기도하던 바로 그분입니다. 작년 여름, 제가 그 목사님께서 섬기시는 중·고등부의 수련회에서 특강을 한 기억이 아직도 생생합니다. 정확하게 기억나진 않지만, 골짜기 깊은 기도원에서 '왜! 성경을 읽어야 하는가?'라는 주제로 연속 두 시간을 강의하고, 학생들을 어떻게 지도하는 것이 옳은 것인지 교회는 어떻게 세워져야 하는지를 잠깐 대화한 기억이 있습니다.

그 후, 몇 달 지나지 않아서 암 소식을 들었고, 서울에서 치료를 받아야 한다는 소식을 접한 저는 참 많이 당황했습니다. 곧 죽음의 문턱에 선 목사님의 형편이 눈앞에 아른거렸습니다. 항암 치료과정에서 소식이 끊겨 답답한 시간을 보내기도 했습니다.

며칠 전에 연락이 닿아 목사님께서 기거하시는 곳으로 찾아갔습니다. 치료 중 머리카락이 완전히 빠져 모자를 쓰고 계셨습니다. 얼굴은 검게 변해 있었습니다. 그러나 목소리는 밝고 안정되어 있었습니다. 참 기분이 좋았습니다.

치료과정을 짧게 이야기해 주었습니다. 총 여섯 번의 치료를 받았는데, 두 번째 치료까지는 전혀 효과가 없다가 네 번째 치료를 받고 난 뒤에 검사를 해보니 암세포가 없어지기 시작했다고 했습니다. 이제 마지막 여섯 번째 치료를 마쳤고, 검사 결과만 기다리고 있다고 했습니다. 담당 의사의 견해로는 완쾌될 것 같다고 했습니다.

치료 중에 있었던 여러 가지 사연들을 이야기하면서 기도의 내용에 대해 잠시 대화했습니다. 목사님께서는 처음 암이라는 소식을 듣고는 많이 고민되었다고 했습니다. '어떻게 기도해야 할까?'라는 문제로 말입니다.

주위에서는 "하나님, 어떻게 하든지 목사님을 살려 주십시오."라고 기도했다고 합니다. 그런데 목사님께서는 그 기도가 늘 마음에 걸렸다는 것입니다. 그러시면서 하시는 말씀이 '죽고 사는 것은 하나님이 하시는 일이다. 내가 다시 살아난다고 해도 언젠가는 또 죽을 것이다. 그렇다면, 살려 달라고 기도하는 것은 너무 내 중심적이지 않은가?'라는 생각이 끊임없이 들었다는 것입니다.

그러면서 저에게 물었습니다. "강 목사님, 목사님은 이럴 때 어떻게 기도해야 한다고 생각하십니까?" 저 역시 심하게 병을 앓은 적이 있었고 심각할 때는 '내가 죽음을 준비해야 하는 것이 아닌가?'라고 생각한 때도 있었습니다.

저는 그 목사님께 다시 물었습니다. "목사님은 어떻게 기도했습니까?" 그러자 그분은 "하나님 뜻대로 되기를 바랍니다."라고 했다는 것입니다. 그러자 옆에 앉아 계시는 사모님께서 눈을 흘기는 것입니다. 저는 그 모습을 보고 박장대소(拍掌大笑)했습니다.

저도 죽고 사는 문제에 대해서 그렇게 심각하게 생각지 않았습니다. 그래서 저는 그 목사님께 "이 목사님, 참 믿음이 좋습니다."라고 했습니다. 그러자 사모님은 동그란 눈으로 저를 쳐다보며 '목사님, 그렇게 기도하는 것이 믿음이 좋은 것입니까? 아니면 삶에 대한 애착이 없는 것입니까? 아니면 하나님께서 살려주시리라는 믿음이 없는 것이 아닙니까?'라고 묻는 듯했습니다.

어찌 사람으로서 삶에 대한 애착이 없겠습니까. 또한, 하나님에 대한 믿음이 없어서 살려 달라고 기도하지 않는 것은 더더욱 아닙니다. 삶과 죽음의 문제는 하나님께 달려 있습니다. 그런 가운데 하나님의 뜻을 기다리는 것이야말로 진정한 믿음입니다. 그리고 그 뜻에 철저하게 순종하는 삶이야말로 성도의 자세입니다.

자신의 뜻을 미리 정해놓고 하나님께 '이렇게 해 주십시오.'라고 떼를 쓰듯이 매달리는 것은 하나님을 자신의 종으로 여기는 참람한 것입니다. 이 목사님의 쾌유를 축하하며 또한 목사님의 삶을 통해 하나님의 뜻이 온전히 드러나기를 기도합니다.

하나님의 선택과 선교

대학원에서 선교학 공부를 시작한 지 얼마 되지 않은 것 같은데, 벌써 2학기를 마무리해야 할 시점에 이르렀습니다. 시간이 빨리 간다는 느낌과 함께 그동안 무엇을 얼마나 배웠고, 들었던 생각들을 잘 정리했을까 돌이켜보면 아쉬움이 많습니다.

선교와 관련된 과목을 한 가지씩 배우면서 정리해야 할 문제들이 많이 있다는 것을 새삼 느끼게 되었습니다. 그중에서 저는 참으로 이상한 한 가지 사실을 깨닫게 되었습니다. 그것은 선교와 전도에 대한 다양한 논의 가운데 가장 근원적이며 근본적이라고 할 수 있는 선교 혹은 전도와 관련하여 하나님의 선택을 논하지 않는다는 것입니다.

이미 모두 알고 있다는 가정(假定) 하에서 선교와 전도를 논하고 있다는 생각을 처음 얼마 동안은 했었습니다. 그러나 시간이 지날수록 제 생각이 완전히 틀렸다는 것이 분명하게 밝혀졌습니다. 대부분 사람들은 하나님의 선택과 선교(전도)가 깊은 연관성을 갖고 있다는 것에는 동의하고 있는 듯 하였습니다. 그런데 정작 그 두 주제가 구체적으로 어떻게 연결되고 상호 연관성을 갖고 있는지는 관심에서 거의 벗어나 있다는 것을 알게 되었습니다.

예를 들면, 선교 현지에서 행해지는 다양한 선교전략들은 굉장히 치밀합니다. 그 나라의 역사를 비롯하여 문화, 정치, 경제, 국민성, 종교적 심성 등등. 거의 모든 정보를 조사합니다. 그리고 그에 맞는 선교전략을 펼치게 됩니다. 그러한 선교전략을 보면 놀라운 복음전파가 이루어질 것처럼 보입니다.

하지만, 잘 준비된 전략이 많은 열매로 나타나는 것은 아닙니다. 물론 여러 가지 선교전략이 필요 없다는 것은 아닙니다. 잘 준비된 전략은 복음전파에서 아주 좋은 접촉점이 될 수 있습니다. 문제는 그러한 전략들이 복음과 동등한 가치를 지니는 것처럼 여겨진다는 것입니다.

훌륭한 전략과 선교사들의 전적인 헌신이 반드시 많은 열매로 나타날 수 있다는 주장에서 문제가 발생합니다. 즉 복음전파에서 열매가 없을 때에 '전략에 혹은 선교사의 헌신에 문제가 있는 것이 아닌가?'라고 의심하기 시작한다는 것입니다. 그러한 생각의 배경에서, 택하신 백성을 부르시는 하나님의 선택이라는 것이 이미 그 본래의 자리를 잃고 말았음을 알 수 있습니다.

선교사의 헌신(혹은 전도자의 헌신)과 훌륭한 선교전략은 절대로 하나님의 선택과 같은 위치에 있을 수 있는 것이 아닙니다. 아무도 이 둘을 같은 위치에 놓는 사람은 없습니다. 적어도 그가 장로교회의 가르침을 받은 사람이라면 틀림없이 그러합니다. 말은 그렇게 하지만 정작 실제에서는 하나님의 선택보다는 인간의 열심이 항상 앞서고 있다는 것을 발견하게 됩니다.

우리는 구원이 하나님의 주권적(主權的) 사역에 있다는 위대한 가르침을 잘 알고 있습니다. 홍해 앞에서 이스라엘을 향하여 모세는 "너희는 두려워 말고 가만히 서서 여호와께서 오늘날 너희를 위하여 행하시는 구원을 보라"라고 했습니다. 여호수아는 요단강을 건너기 전날 "여호와께서 내일 너희 가운데 기사를 행하시리라"고 했습니다.

예수님은 자신이 세상에 계실 때에 요한복음 6:39에서

"내게 주신 자", 44절에서 "아버지께서 이끌지 아니하면 아무라도 내게 올 수 없으니", 65절에서 "내 아버지께서 오게 하여 주지 아니하시면 누구든지 내게 올 수 없다 하였노라"고 말씀하셨습니다. 10:29에서 "저희를 주신 내 아버지"라고 하였고, 12:32에서 "내가 땅에서 들리면 모든 사람을 내게로 이끌겠노라"고 했고, 15:16에서 "너희가 나를 택한 것이 아니요 내가 너희를 택하여 세웠나니"라고 했습니다.

그래서 종교개혁자 칼빈은 교회의 기초를 하나님의 선택에 있다고 그의 기독교 강요 제4권, 교회에 대한 가르침에서 주장하고 있습니다. 복음전파를 위해 온 힘을 다하는 자세 위에 하나님의 선택을 놓는 지혜로움이 필요한 시대에 우리는 살고 있습니다. 하나님의 선택이 복음전파(선교 혹은 전도)를 위축시키는 것이 아니라 오히려 더 힘 있고 정확하게 하는 길임을 잊지 말아야겠습니다.

오용되는 말씀

대학원 공부가 시작되면서 긴장감이 생겼습니다. 지난 월요일, 수업을 듣기 위해 학교로 가던 중 한 통의 전화를 받았습니다. 대학원 사무직원인데 강의실이 바뀌었다고 알려 주었습니다. 수업 첫 시간부터 강의실이 바뀐다는 소식에 별로 중요한 일은 아니지만 약간은 기분이 상했습니다.

첫 강의는 아주 유명한(?) 분의 강의였습니다. 우리 교단의 어른이시기도 하며 자신의 전공분야에서 그 당시 유일하게 박사학위를 받은 분입니다. 수업을 들으면서 저는 참 의아하다 못해 '저분이 교수가 맞을까?'라는 의심이 생겼습니다.

그것은 아주 쉬운 한 성경본문의 해석에 대한 이야기를

듣고 생긴 의심입니다. 잠언 29:18 말씀을 읽으시고 나름의 해석을 하셨습니다. "묵시가 없으면 백성이 방자히 행하거니와"(잠 29:18a).

그분의 설명은 이러합니다. "칼빈이 이 본문을 그의 기독교 강요 서문에서 인용했다. 이 본문을 인용하면서 칼빈은 비전(vision)이 없으면 백성이 방자하게 된다고 했다. 곧 '묵시'를 비전으로 이해했다. 그러니까 교회도 비전을 가져야 한다."

여기 비전은 '희망 혹은 소망, 꿈'으로 이해할 수 있겠습니다. 그러나 본문을 자세히 보면, 여기 "묵시"는 우리가 흔히 이해하고 있는 비전의 의미가 아닙니다. 곧 '희망, 소망, 꿈'의 의미가 아닙니다. 또한, 이 본문은 칼빈이 기독교 강요 서문 제2장에서 프랑스의 왕 프란시스 1세에게 임금으로서 말씀을 따라 백성을 다스리지 않으면 그 백성이 방자하게 행한다는 권면을 하면서 인용한 구절입니다.

그분은 사실 자체도 확인하지 않고 칼빈의 말을 인용한 것입니다. NIV(New International Version) 성경은 다음과 같습니다. "Where there is no revelation, the people cast off restraint" 곧, "계시가 없으면, 백성이 억제된 것을 풀어 버린다."로 직역할 수 있겠습니다. 그

뿐만 아니라 히브리어 성경에서 이 "묵시"라는 단어는 하존(חזון)으로, '계시, 환상, 이상'의 의미로 사용됩니다.

사무엘상 3:1에 "여호와의 말씀이 희귀하여 이상이 흔히 보이지 않았더라"라고 했습니다. 곧 사무엘 시대가 얼마나 영적으로 어두운 시대인가를 알려 주는 말씀입니다. 하나님의 말씀이 희귀했다고 분명히 말하고 있고, 이어서 이상이 보이지 않았다는 것입니다. 성경에서 이상이나 환상은 항상 하나님의 뜻을 알리는 계시의 수단이었습니다(시 89:19; 대상 17:15; 대하 32:32; 사 29:7; 렘 14:14).

그래서 "묵시가 없으면 백성이 방자히 행하거니와"(잠 29:18)라는 말씀의 의미는 하나님의 말씀, 곧 계시가 없으면 백성이 고삐 풀린 망아지처럼 자기 멋대로 뛰어다닌다는 것입니다. 우리는 이 말씀이 교회 역사 속에서 너무나 분명하게 증명된 사실을 알고 있습니다.

종교개혁시대를 기억할 것입니다. 그때의 교회는 그야말로 말씀이 사라진 시대였습니다. 그래서 로마 가톨릭은 거짓교회로 선언된 것입니다. 말씀이 없으면 백성은 대양에서 표류하는 조각배에 불과한 것입니다.

구약 이스라엘 역사에서 오므리의 아들 아합을 기억할 것입니다 (왕상 16:28~34). 그는 자기 아버지의 뒤를 이어 왕이

된 후, 사마리아에 바알 사당을 짓고 그 속에 바알을 위한 단을 쌓았으며 그 거짓 신을 직접 섬기고 숭배했습니다. 더불어 아세라 목상을 만들기도 했습니다. 또 시돈의 우상숭배자의 딸 이세벨을 그 아내로 맞아들였습니다. 바로 말씀이 떠난 시대였습니다. 그때에 우리는 위대한 선지자 엘리야를 만나게 됩니다.

하나님의 말씀이 없으면 백성은 방자하게 행합니다. 말씀이 사라진 교회는 임종을 눈앞에 둔 환자와 같습니다.

우리의 신앙고백

우리는 공예배 시간에 사도신경을 고백합니다. 이러한 관습은 한국 대부분의 장로교회에 정착되어 있기 때문에 때때로 어떤 오해를 불러일으키기도 합니다. 저는 중·고등학생 시절에 성경에 있는 주기도문이 찬송가에 기록된 것을 보고 사도신경도 성경에 기록된 것으로 이해했었습니다. 지금 생각하면 참 우습기도 하지만 제가 무지했다는 생각에 얼굴이 화끈거립니다.

그러나 저를 더 당황하게 한 것은 신학을 공부할 때였습니다. 사도신경이 사도들이 만든 신앙고백이 아니라는 것이었습니다. 그 사실을 책을 통해 알고서는 '그렇다면 우리가 예배 시간마다 늘 외우는 사도신경을 무엇 때문에 그렇게 열심히 외우나?'라는 생각을 한동안 하였습니다.

그런데 더더욱 저를 놀라게 한 것은 신앙고백이 사도신경만이 아니라 여러 개 있다는 사실이었습니다. 니케아신경, 아타나시우스신경, 벨직 신앙고백서, 하이델베르크 교리문답, 웨스트민스터 신앙고백서 등등.

전통적으로 개혁교회는 세 일치 신조(도르트 신조, 벨직 신앙고백서, 하이델베르크 교리문답)를 자신들의 신앙고백으로 받습니다. 우리 고신교회는 웨스트민스터 신앙고백서를 신앙고백으로 받습니다. 개혁교회는 우리가 받은 웨스트민스터 신앙고백서를 존중하며, 우리 고신교회도 개혁교회가 고백하는 세 일치 신조를 같은 원리로 인정합니다.

이런 다양한 신앙고백서들이 어떤 의미가 있는가를 살피는 것은 매우 중요합니다. 사실 우리 교회들의 분위기는 신앙고백서에 별 관심을 두지 않습니다. 그것은 우리나라에 복음이 들어올 때부터 이미 배태된 것이었습니다. 즉 초기의 선교사들과 교회의 지도자들이 신앙고백적 교회에 대해 깊이 이해하지 못했기 때문입니다.

웨스트민스터 신앙고백서와 대소교리문답서가 우리 교단의 신조로 받아들여진 예를 보면 더욱 그 사실이 분명해집니다. 1900년 초에 한국에는 하나의 장로교 총회가 조직

됩니다. 그때에 이 신앙고백을 받아들이기로 의논이 있었지만, 아직 그만한 신앙이 되지 못한다고 하여 미루어 버린 것입니다. 그렇게 된 배경에는 몇 가지 이유가 있습니다. 그런 중에 이 신앙고백서를 고신교회가 받게 된 것은 그로부터 약 60여 년이 지난 1969년이었습니다.

신앙고백은 여러 가지 의미를 지니고 있습니다. 우리는 베드로가 예수님에 대해 "주는 그리스도시요 살아 계신 하나님의 아들"이라고 고백한 사실을 압니다. 주님께서는 그 고백 위에 "내 교회"를 세우겠다고 하셨습니다. 실로 교회는 바로 이 신앙고백 위에 세워진 것입니다. 물론 우리가 받아들이고 있는 웨스트민스터 신앙고백서나 그 외에 다양한 고백서들이 베드로의 신앙고백과 같은 계시적 의미가 있는 것은 아닙니다.

그럼에도 사도신경을 비롯한 다양한 고백서들이 의미가 있는 것은 고백서들이 그 시대 성도들의 믿는 바 신앙의 요체(要諦)이기 때문입니다. 우리가 사도신경을 고백하는 것은 그 고백서의 삼위 하나님께 대한 세 번의 "나는 믿습니다."(Credo)라는 고백이 지극히 성경적일 뿐 아니라 우리 신앙의 핵심을 아주 잘 요약하고 있기 때문입니다.

이러한 측면에서 사도신경은 신학 함에 있어서 가장 좋

은 초석을 놓고 있습니다. 그래서 우리는 신학을 삼위 하나님에 대한 이해에서 출발하여 그 삼위 하나님에 대한 송영(찬양과 경배)으로 마칩니다. 신학은 메마른 이론이 아니라 감격과 감동의 샘물이며 성도들의 삶, 그 자체입니다.

매 주일마다 마치 주술을 외우듯 아무 의미 없이 사도신경을 암송해서는 안되겠습니다. 그 속에 있는 삼위 하나님에 대한 고백이 진정한 고백으로 자리매김 해야겠습니다. 또한, 우리 교회가 받아들이는 웨스트민스터 신앙고백서와 대소교리문답서를 공부해야 할 이유가 여기에 있습니다.

종교개혁 기념 주일에 즈음하여

비텐베르그 대학의 교수요 목사였던 루터가 1517년 10월 31일, 자신이 봉사하는 학교의 정문에 95개 조항의 글을 붙였을 때, 교회 개혁의 새로운 시대가 열리게 되었습니다. 물론 그 자신은 이 일이 새로운 시대로의 전환이 되는 역사적 사건이 될 줄을 미리 예상하지는 못했을 것입니다.

그 이후, 온 교회에 불어 닥친 진리에 대한 열망과 그 결과로 말미암은 부흥은 주님께서 말씀하신 참다운 교회로의 복귀를 이룩하게 되었고, 그 도도한 역사의 흐름으로 인해 오늘 우리의 교회가 이 땅에 서게 되었습니다.

이와 같은 역사를 갖게 된 오늘의 교회들과 기독교 단체들은 종교개혁 기념 주간을 특별하게 지냅니다. 수많은 교회와 단체들은 이날을 기념하여 각종 세미나를 비롯한 다양한 행사를 치릅니다.

오늘의 한국 장로교회들은 개혁의 후예들이 된 것에 대한 자부심과 즐거움을 마음껏 누리고 있습니다. 또한, 개혁된 교회를 더더욱 성경적인 교회로 세우기 위해 최선의 노력을 다하고 있다고 자부하고 있습니다.

특히 우리 교회가 속한 고신교회는 이 부분에서 훌륭한 전통을 이미 갖고 있습니다. 한국 장로교회가 일제 강점기 시절에 신사참배를 가결한 것에 대해 분명하고 확실한 태도를 밝혔고, 그 문제의 해결을 위해서 성경의 가르침을 따라 행했습니다.

그럼에도 오늘 우리 교회(고신) 안팎에서는 우려의 목소리가 여기저기에서 들려오고 있습니다. 멋진 역사의 뿌리를 가진 것에 안주한 나머지 이제 이 교회도 개혁의 대상이 되었다는 염려가 그것입니다.

복음병원을 둘러싼 각종 이권에 대한 비리와 OO파, △△파로 나뉜 파벌 간의 경쟁은 교단의 심각한 문제로 떠올랐습니다. 또한 한국 교회 전체에 거대한 영향을 미치고 있는 세속주의, 물량주의, 샤머니즘적 신비주의 등등의 문제는 우리 고신교회 안에서도 큰 문제를 드러내고 있는 것이 현실입니다.

그러나 더 심각한 문제는 세속화의 거대한 물줄기 앞에 놓여 있는 현실에 대한 인식이 너무나 안이하다는 것입니다. 그것은 마치 예레미야 시대의 이스라엘처럼, "하나님께서 우리와 여전히 함께 하고 있어. 하나님은 우리의 능력이시오, 힘이시지." 라고 말하면서 평안을 외치고 있는 것과 별반 다를 바 없다는 것입니다. 현실 속에서 자성하는 목소리와 개혁의 목소리가 면면히 이어져 오고 있기는 합니다만 여전히 역부족인 것처럼 보입니다.

개혁을 부르짖는 사람들은 많은데 정작 개혁의 대상이 없다는 것입니다. 아니, 개혁을 부르짖는 바로 그 사람들과 단체가 개혁의 대상이라는 이 역설을 깨닫지 못하고 있는 것이 우리의 현실입니다.

종교개혁 기념 주일을 보내면서 우리는 다시 한 번 개혁자들의 음성을 듣기를 원합니다. 무엇보다도 '우리 자신이 바로 그 개혁의 대상이 되어야 함'을 깊이 인식해야만 하겠습니다. 우리 교회와 바로 나 자신이 개혁의 대상이 될 때에 참다운 개혁이 이루어진다는 사실을 깊이 명심해야겠습니다.

전적으로 부패한 인간의 악함은 하나님의 은혜가 아니고

는 하나님을 만날 수가 없습니다. 또한, 성령님의 능력이 아니고는 한순간도 하나님의 백성으로 살아갈 수 없다는 사실을 명심해야겠습니다. '나'를 보지 못하는 자는 결코 하나님 나라의 즐거움과 기쁨과 권세를 누릴 수 없습니다.

개혁을 부르짖는 바로 그 사람들과 단체가
개혁의 대상이라는 이 역설을 깨닫지 못하고
있는 것이 우리의 현실입니다.

개인 신앙고백서

지난 수요일 김성훈 성도가 어떤 성도의 신앙고백을 담은 글을 저에게 보여주었습니다. 그 고백서는 김성훈 성도의 친구가 대구에 있는 모 교회의 회원으로 등록하면서 교회 앞에 자기의 신앙을 고백한 내용이었습니다. 사도신경이나 니케아신경처럼 함축적이고 신학적이지는 않지만 비교적 간명하면서도 적절하게 그 고백자의 믿는 바를 잘 기록하였습니다.

교회에 등록하면서 개인 신앙고백서를 작성하여 제출한다는 것이 얼핏 어색한 느낌과 생경한 감이 들지도 모르겠습니다. 그만큼 한 교회의 성도로 등록하면서 개인 신앙고백서를 작성한다는 것은 흔치 않은 일입니다. 적어도 우리 시대 한국의 교회들 속에서는 잘 찾을 수 없는 모습임이 틀림없습니다.

작금의 한국교회는 교인으로 등록하는 것이 그리 어렵지 않은 편입니다. 적절하게 주일을 준수하고 헌금 생활에 별 무리가 없으면 곧 등록됩니다. 물론 복음에 대한 관심은 별로 없습니다. 교회 역시 그리스도의 십자가와 복음과 더불어 사는 것이 어떠한지를 깊이 있게 소개하지 않습니다. 새로운 사람에게 최대한 부담을 주지 않으려고 노력합니다. 그래서 서로 간단한 대화만 합니다. 항상 믿음은 그 개인의 문제로 돌려버립니다. 그렇지 않은 교회들도 많이 있습니다. 하지만, 철저하게 개인의 신앙을 확인하고 신앙고백서까지 받는 교회는 거의 없습니다.

저는 등록하는 교인에게 개인 신앙고백서를 받는 것이 좋은 것이니 모두가 그렇게 해야 한다는 주장을 하려는 것이 아닙니다. 이것은 우리 시대의 모순입니다. 한 사람이 복음을 받아 그리스도를 주로 고백하고, 하나님의 말씀을 따라 살겠다고 고백하게 되면, 세례를 받게 됩니다. 세례는 믿음의 표입니다. 세례를 받은 사람은 자연스럽게 하나님의 거룩한 백성인 교회에 소속되게 됩니다. 세례를 받았다는 것은 자기의 신앙을 고백했다는 의미입니다.

이런 측면에서 본다면 세례를 받았다는 것 자체가 이미 신앙고백서를 작성한 것이나 마찬가지입니다. 그러나 우리 한국교회는 바로 여기에 문제가 있습니다. 세례를 받았음에도 다시금 개인의 신앙을 확인해야 하는 모순. 이 모순은 교회 타락의 증표입니다. 그만큼 교회가 베푼 세례가 신뢰를 얻지 못하고 있다는 것입니다.

세례를 받은 사람들은 "내가 그리스도와 함께 십자가에 못 박혔나니 그런즉 이제는 내가 산 것이 아니요 오직 내 안에 그리스도께서 사신 것이라 이제 내가 육체 가운데 사는 것은 나를 사랑하사 나를 위하여 자기 몸을 버리신 하나님의 아들을 믿는 믿음 안에서 사는 것이라"(갈 2:20), "그러므로 너희는 죄로 너희 죽을 몸에 왕 노릇 하지 못하게 하여 몸의 사욕을 순종치 말고 또한 너희 지체를 불의의 병기로 죄에게 드리지 말고 오직 너희 자신을 죽은 자 가운데서 다시 산 자 같이 하나님께 드리며 너의 지체를 의의 병기로 하나님께 드리라"(롬 6:12~13)는 말씀처럼 사는 사람들입니다.

수요일 이후 그 신앙고백서가 내내 저의 머릿속을 맴돌고 있습니다. 교회는 있되 능력은 없는 모습. 있어야 할 능력 대신 오히려 시기와 질투와 편 가르기와 세상의 온갖 더러운 사상들의 집합소가 되어 버린 모습.

그러나 복음은 우리로 하여금 항상 진리 편에 서게 하는 능력입니다. 중세 천 년의 어두움을 뚫고 고고한 복음의 빛을 비추신 그 하나님의 섭리를 생각해 봅니다. 교회의 회복을 위해 온갖 고통을 이겨낸 종교개혁자들의 모습을 오늘도 가슴에 그려봅니다. 그들에 비해 상대적으로 약한 우리의 모습이 떠오릅니다. "내가 약할 그 때에 곧 강함이니라"(고후 12:10)라는 바울 사도의 말씀을 기억해 봅니다.

세례를 받았음에도 다시금

개인의 신앙을 확인해야 하는 모순.

이 모순은 교회 타락의 증표입니다.

샘터에서 생수를 마시자

누군가 저에게 "목사님의 목회에서 가장 큰 어려움이 무엇입니까?"라고 묻는다면 저는 주저 없이 "교회가 생명력을 상실했을 때"라고 말하고 싶습니다. 물론 이보다 더 큰 어려움이 얼마든지 있을 수 있습니다만, 오늘 저에게 이 대답은 참으로 절규에 가깝습니다.

대답 속의 의미가 '살아 있는 것 자체를 소망한다'는 것은 아닙니다. 사실 살아 있다는 것은 해석하기에 따라 다양한 의미가 있습니다. 숨을 쉬고, 움직이고, 생각하며 활동한다는 것을 말할 수도 있습니다. 죽음이 그 육체를 쉬게 하지 않는 경우라면 누구나 살아 있는 것이겠지요. 제가 말하는 살아 있다는 것은 단순히 육체의 생명을 의미하는 것이 아닙니다.

살아 있다는 것. 그것은 '인간이 인간 존재의 근원을 알고 그의 위치와 삶의 궁극적 가치를 이해하는 것'을 말합니다. 이런 것은 살아 계신 여호와와의 교제가 없다면 불가능한 것들입니다. 살아 있다는 것은 바로 우리 하나님과 깊은 영적 교제를 나누며 산다는 것을 말합니다.

얼마 전부터 몇몇 사람들과 함께 말씀을 나누고 있습니다. 그들은 생김새도 다르고 자라온 환경도 다르며 처한 형편도 상이합니다. 그런 다름에도 불구하고 그들에게는 공통점이 있습니다. 하나님의 말씀을 이제 배우기 시작했다는 것입니다.

그들 중에는 교회라고는 한 번도 출석해 본 적이 없는 사람이 있는가 하면, 부모님을 따라 오랫동안 교회를 출석한 사람도 있고, 어떤 이는 어린 시절에 유년 주일학교를 다녔던 사람도 있습니다. 이렇게 다양한 사람들과 함께 말씀을 나누다 보면 재미도 있지만 의아할 때도 참 많이 있습니다.

최근 제가 느끼는 가장 큰 의아스러움은 오랫동안 교회를 다닌 사람들의 반응입니다. '왜 자신들이 다닌 교회에서는 이런 구체적인 이야기를 듣지 못하고 있는가?'라는 것입니다. 제가 가르치고 있는 것이 결코 수준이 높거나 깊은 신학적인 사상이 아닙니다.

저의 가르침의 핵심은 항상 복음의 초보적인 내용입니다. '하나님께서 왜 천지를 만드셨고, 인간을 하나님의 형상으로 만들었다는 것이 무엇을 의미하며 죄라는 것이 도대체 무엇인가? 그리고 사탄으로 말미암아 세상에 들어온 죄의 문제를 해결하기 위해 하나님께서는 무엇을 준비하고 계시는가? 여자의 후손(창 3:15)은 어떻게 준비되고, 어떤 경로를 통하여 이 땅 위에 오시게 되는가?'하는 것들입니다.

이런 것들은 결코 어려운 신학적인 문제가 아닙니다. 이것들은 복음을 받은 사람이라면 누구나 이해하고 있는 내용입니다. 그런데 오랫동안 교회를 다닌 사람들은 한결같이 이렇게 자세히 듣지 못했고 성경이 이런 책인지 잘 알지 못했다고 말합니다.

이런 이야기를 듣고 있으면 참 신기합니다. 그렇다면 '이들은 그들의 교회에서 무엇을 배웠고, 무엇을 보았으며 무엇을 느끼며 살아왔단 말인가?'라는 의문이 꼬리에 꼬리를 물고 나옵니다.

교회가 생명에 관심이 없다는 것이 과연 이해할 수 있는 문제인지 저는 정말 잘 모르겠습니다. 그 모습은 마치 어린

아이가 맛있는 음식을 두 손에 잔뜩 들고 있으면서 자신의 어머니에게 "엄마! 빨리 밥 주세요!"를 연발하며 울고 있는 것과 별반 다를 것이 없습니다.

샘터에서 생명수 샘물이 길어지지 않는다면 그 샘은 물이 말랐든지 아니면 처음부터 물이 없는 샘이든지, 물을 긷는 사람이 게으른 탓이겠죠. 목마른 사람들은 물을 찾아 떠나는 것이 현명한 처신일 것입니다. 또한, 물이 필요 없는 사람들에게 억지로 먹일 필요도 없겠죠.

생명수가 흘러넘치는 교회. 그런 교회가 되어야겠습니다. 갈증을 느끼다 시원한 생수를 마신 사람들의 표정을 보신 적이 있나요? 희열과 기쁨을 얼굴 가득 담고, 화사한 웃음으로 웃고 있는 샘터 곁의 나그네 얼굴이 우리의 모습이어야겠습니다.

생명수가 흘러넘치는 교회.

그런 교회가 되어야겠습니다.

아이의 금식을 보며

유아들은 면역 기능이 약하기 때문에 늘 부모들의 세심한 배려가 필요합니다. 이번 설날에 영래의 외가를 방문했을 때 여타의 명절들과는 다르게 약간은 조용하게 시간을 보내었습니다. 영래의 이종사촌인 두 아이가 장염으로 며칠 전부터 입원 중이었기 때문입니다.

큰 아이는 비교적 건강을 많이 되찾았지만, 작은 아이는 설날이 되면서 더 심해졌다가 조금씩 나아지고 있었습니다. 아이들의 흔한 병치레지만 온 가족이 고생하는 일이라 썩 유쾌한 일은 아닙니다.

일반적으로 장염이 심하면 환자로 하여금 음식을 먹지 못하게 합니다. 어른들이야 그래도 어느 정도 금식을 잘 받아들이고 이겨내지만 아이들에게는 참 견디기 어려운 일입니다. 먹는 것을 늘 좋아하고 또 많이 먹는 아이들일수록 그 고통은 더 심합니다. 영래의 이종사촌인 유빈이와 수민이는 참 잘 먹는 아이들입니다. 그래서 비교적 튼튼한 편인데, 이번 장염으로 금식을 시켰으니 그 먹지 못함이 얼마나 힘이 들까 충분히 짐작되었습니다.

금식하는 아이는 또 어쩔 수 없다고 생각합니다만, 그것을 옆에서 지켜보는 주위 어른들은 더 힘들고 괴로운 것입니다. 병원으로 문안을 갔을 때, 의외로 잘 견디는 아이를 보면서 참 대견하다는 생각을 했습니다. 큰 아이는 완쾌되어 집으로 데려 왔지만, 작은 아이는 좀 더 있어야 한다는 담당 의사의 권유로 며칠 더 입원해 있기로 했습니다.

병문안하면서 웃지 못할 이야기를 몇 가지 들었습니다. 며칠 금식을 하면서 나타난 아이들의 음식에 대한 반응입니다. 이야기를 듣는 동안에는 웃음이 절로 나왔습니다만 다 듣고 나니 그것이 웃을 일이 아니라는 생각이 많이 들었습니다.

내용인즉, 며칠 먹지 못한 유빈이가 세수하기 위해 화장실에 들렀습니다. 세면대 위에 놓여 있는 흰 비누를 보고 '빵'이라고 하면서 좋아했다는 것입니다. 비누가 빵으로 보이는 것이 평소에야 불가능한 일이지만 심하게 배가 고프면 있을 법한 일입니다.

동생 수민이는 그 증상이 조금 더 심했다고 했습니다. 병원 침대에 누워 건너편 냉장고 위에 놓인 것들을 보면서 "맘마"라고 연발 말하는가 하면, 다른 환자들이 먹는 것을 보면 그 증상이 더 심해진다는 것입니다.

심지어 복도에서 어떤 분이 커피를 마시고 놓아둔 빈 컵을 보고 수민이는 업고 있는 엄마에게 내려 달라고 떼를 써서 내려놓았더니 그 컵을 향해 부리나케 달려가더라는 것입니다. 뭔가 먹을 것을 발견하고 달려가는 사자처럼 말입니다.

설날 저녁, 집으로 돌아온 유빈이는 더 가관이었습니다. 그동안 죽만 먹다가 이제 밥을 먹을 수 있다고 하니까 눈에 보이는 것은 다 먹겠다고 야단입니다. 그러나 유빈이 아빠는 먹을 수 있는 것과 먹으면 안 되는 것을 가려내어 먹으면 안 되는 것은 먹지 못하게 유빈이를 말려야 했고, 그래서 어른들의 대화가 자주 단절되었습니다.

유빈이는 사탕을 먹고 싶고 과일도 먹고 싶은데 먹지 못하게 하니까 그 특유의 표정으로 자기 아빠에게 보채기도 하며 울기도 했습니다. 그러니 어른들이 아이 앞에서 무엇을 먹는다는 것이 오히려 불편한 형편이 되었습니다.

굶주림이란 것이 참기 어려운 고통이라는 것을 두 아이를 보면서 확실히 깨닫게 되었습니다. 그러면서 저는 참 여러 가지를 생각하게 되었습니다. 며칠 먹지 못함이 저렇게도 절박하고 절실한 문제인데 수년을 그렇게 굶으면서 살아가는 사람들을 떠올려 보았습니다.

제가 지금 아프리카의 난민들이나 아프가니스탄의 전쟁 고아들을 생각하는 것이 아닙니다. 오히려 한국의 수많은 그리스도인을 생각해 봅니다. 영의 양식을 먹지 못해 허덕이는 사람들을 생각해 봅니다.

많은 그리스도인이 이 영의 양식에 무감각하거나 아예 음식 먹기를 포기했다는 생각을 하면 앞이 캄캄합니다. 심지어 자신이 지금 굶주리고 있다는 사실 자체를 모르고 지내는 사람들은 또 얼마나 많을까 생각해봅니다.

우리 교회를 생각해 봅니다. 한 주 한 주 우리 성도들은 얼마나 맛있는 생명의 양식을 먹고 있을까? "사슴이 시냇물을 찾기에 갈급함 같이" 그 생명 양식을 찾기에 갈급해 할까? 생각해봅니다.

성탄

하나님께 영광, 땅에는 평화

선거에 가려 성탄절의 분위기는 그다지 화려하지도 시끌벅적하지도 않은 것 같습니다. 약간의 다행스러움이 마음 한쪽을 채우기도 합니다. 성탄절의 의미를 제대로 알고 난 후부터는 그리 편안한 마음으로 보낸 적이 없는 것 같습니다.

그러나 올해는 왠지 편안히 보낼 수 있을 것 같다는 예감이 많이 듭니다. 세상과 교회에 대한 나름대로 여유가 생겼다고 할까요. 아니면, 부정적이고 어두운 면에 대한 저의 시선이 희망과 미래를 바라보는 것에 더 초점이 맞춰져 있기 때문이라고 할까요.

12월 25일이 성탄절로 지켜지게 된 것은 고대 로마교회에서부터입니다. 로마 세계에서는 12월 24일부터 다음 해 1월 6일까지를 대 축제일로 지키고 있었습니다. 이 날을 기독교가 이교도를 정복했다는 의미로 로마 주교가 성탄일로 정한 것입니다.

물론 이집트의 곱틱교회 같은 경우는 1월을 성탄일로 지키기도 합니다. 이러한 모습은 성탄일이 정확하지 않다는 것을 알게 합니다. 그래서 우리는 성탄일 자체에 대해 크게 의미를 부여하지 않습니다. 오히려 성탄, 곧 거룩한 분의 탄생 자체에 의미를 부여합니다.

누가복음 2장에는 우리 주님의 탄생에 대한 기사가 있습니다. 목자들이 들에서 밤에 양을 지키고 있을 때 천사가 나타나 그리스도의 탄생을 고지(告知)합니다. 그리고 천군 천사가 찬송하기를 "지극히 높은 곳에서는 하나님께 영광이요 땅에서는 기뻐하심을 입은 사람들 중에 평화로다"(눅 2:14)라고 합니다.

하나님께 영광이라는 말은 이해하기에 그리 쉽지 않은 말입니다. 국어사전에 '영광'이라는 말은 '빛나는 영예'라고 했습니다. 성경에서는 이 말이 좀 더 포괄적이면서 매우 구체적으로 사용되기도 했습니다.

출애굽기 15장에는 바로의 군대가 홍해 바다에 수몰되

고 난 뒤 모세의 노래가 나옵니다. 그 노래의 한 부분입니다. "여호와여 주의 오른 손이 권능으로 영광을 나타내시니이다 여호와여 주의 오른 손이 원수를 부수시니이다" (출 15:6).

여기에서 영광을 나타내는 것과 원수를 부수는 것을 같은 의미로 사용하고 있습니다. 영광이란 원수를 부수는 것을 말합니다. 그것은 곧 양면성을 갖고 있는데, 원수에 대해서는 심판의 의미, 당신의 백성에 대해서는 구원의 의미가 있습니다. 이러한 하나님의 영광에 대한 기록은 성경 곳곳에 기록되어 있습니다(출 24:17, 33:13~22, 40:34~35; 레 9:23,24; 대하 7:1~3; 마 17:6; 막 4:41 등).

'평화'는 성경에서 아주 깊은 의미를 담고 있습니다. 이 말을 가장 잘 표현한 곳이 구약성경 중 한 곳 있습니다. 바로 이사야 53:5입니다. "그가 찔림은 우리의 허물을 인함이요 그가 상함은 우리의 죄악을 인함이라 그가 징계를 받음으로 우리가 평화를 누리고."

우리가 흔히 알고 있는 '샬롬'이라는 말이 바로 평화입니다. 여기 평화는 주의 고난 받는 종이 우리의 죄악을 대신하여 징계를 받음으로 주어지는 것입니다. 그러므로 평화는 하나님과 원수 된 우리가 그리스도의 죽음을 통하여 얻게 되는 하나님과 화목한 관계를 말하는 것입니다.

"하나님께 영광, 땅에는 평화"라는 말은 성탄의 의미를 가장 잘 보여주는 말씀입니다. 즉 성탄은 하나님께서 당신의 사랑하는 백성을 위해 스스로 사탄과 싸워 원수를 박살 내는 것이요, 그 백성에게는 사탄의 권력 아래에 갇혀 있는 상태에서 해방을 맛보는 것이요, 그로 말미암아 택하신 백성은 하나님과 원수 된 관계에서 평화의 관계 즉, 그 자녀가 되는 것을 의미하게 됩니다.

해마다 성탄절은 찾아옵니다. 그러나 그 성탄(주님의 오심)을 어떻게 맞이하는가는 우리 각자의 몫입니다. 우리 속에 일어나는 진정한 평화를 잘 갈무리하고 그것을 조용하게, 그러나 힘차게 이웃들에게 전하는 성탄절을 보내었으면 하는 바람이 간절합니다.

참다운 행복은?

얼마 전 모 방송 프로그램에서 책 한 권을 소개했습니다. '세계가 만일 100명의 마을이라면'이 그것입니다. 책으로 엮기에는 내용이 매우 간단합니다. 그러나 이 간단한 한 권의 책이 요즘 인기를 끌고 있습니다.

이 책은 인터넷 전자우편(e-mail)을 통해 전 세계의 네티즌들에게 먼저 소개된 후 일본에서 자그마한 책으로 세상에 나오게 되었습니다. 미국의 환경학자인 도넬라 메도스(Donella Medows, 1941~2001)라는 분이 처음으로 쓴 것이라고 영국의 데이비드 타우브(David Taub)씨가 밝혀내었습니다.

내용만 세 페이지 정도의 분량인 이 책은 세계의 63억 인구를 100명으로 축소하여서 한 마을로 표현합니다. 그리고 그 100명의 마을 구성원들이 어떤 범주 속에 속하는가를 통계를 이용하여 잘 표현했습니다.

"52명은 여자이고, 48명은 남자입니다. 30명은 아이들이고 70명은 어른들입니다. 어른들 가운데 7명은 노인입니다. 70명은 유색인종이고 30명은 백인입니다. 33명은 기독교, 19명이 이슬람교, 13명이 힌두교, 6명이 불교를 믿고 있습니다. 5명은 나무나 바위 같은 모든 자연에 영혼이 깃들어 있다고 믿고 있습니다. 24명은 또 다른 종교들을 믿고 있거나 아니면 아무것도 믿지 않고 있습니다.

20명은 영양실조이고 1명은 굶어 죽기 직전이고 그러나 15명은 비만입니다. 75명은 먹을 양식을 비축해 놓았고 비와 이슬을 피할 집이 있습니다. 하지만, 나머지 25명은 그렇지 못합니다. 은행에 예금이 있고 지갑에 돈이 들어 있고 집안 어딘가에 잔돈이 굴러다니는 사람은 마을에서 가장 부유한 8명 안에 드는 한 사람입니다.

마을 사람 중 1명은 대학교육을 받았고, 2명은 컴퓨터를 가지고 있습니다. 그러나 14명은 글도 읽지 못합니다. 만일 당신이 어떤 괴롭힘이나 체포와 고문, 죽음을 두려워하지 않고 자신의 신념과 양심에 따라 움직이고 말할 수 있다면 그렇지 못한 48명보다 축복받았습니다."

　이러한 내용의 글을 읽고 있노라면, 아마 대부분의 우리
나라 사람들은 '내가 얼마나 행복한 사람인가'라는 것을 새
삼 느낄지도 모르겠습니다. 우리 교회 성도들도 같은 느낌
이 들게 될지 모르겠습니다. 우리 성도들은 대부분 대학교
육을 받았고 컴퓨터를 갖고 있습니다. 이런 측면에서 보
면, 우리는 매우 행복한 부류에 속합니다.

　하지만, 곰곰이 생각해 보면 행복이 이런 물질적인 것으
로부터 오는 것만은 아니라는 생각이 듭니다. 아프리카의
오지에서 당장 먹을 음식이 없는 가운데서 피어나는 웃음
은 어떻게 설명할 것이며 남미의 농촌 마을에서의 여유로
움은 무엇이며 중앙아시아 높은 산골의 해맑은 아이들의
미소는 어떻게 설명할 수 있을까요?

　더군다나 부의 상징인 맨하탄(Manhattan) 한가운데서
일어나는 자살은? 정신분열을 앓고 있는 수가 유럽의 살기
좋은 나라들에서 매년 증가하는 것은요?

　하나님의 말씀은 참다운 행복을 이런 물질적인 것으로 말
하고 있지 않습니다. 행복은 비교우위를 통해서 얻어지는
것이 아니라, '하나님 나라의 복음을 믿음으로 받아들이느

냐? 그렇지 않으냐?'에 달렸다고 합니다.

그리스도를 소유한 사람들은 세상의 모든 것을 잃어도 감사하며 즐겁게 살 수 있는 사람들입니다. 베드로 사도의 말씀처럼 "너희가 회개하고 돌이켜 너희 죄 없이 함을 받으라 이같이 하면 유쾌하게 되는 날이 주 앞으로부터 이를 것"입니다(행 3:19). 그리스도인들은 복음으로 말미암아 핍박과 고난 중에도 기뻐하고 즐거워합니다(마 5:11~12).

그리스도를 소유한 사람들은

세상의 모든 것을 잃어도 감사하며

즐겁게 살 수 있는 사람들입니다.

운동회에서

　지난 수요일 영래와 영빈이의 가을 운동회가 있었습니다. 30년 전에 경험한 운동회의 분위기가 아직도 교정 곳곳과 아이들의 웃음 속에 고스란히 남아 있는 듯했습니다. 아스라이 어린 시절 기억들이 얼굴 가득 미소 짓게 하였습니다.

　운동장 한쪽 구석에 좌판을 벌여 놓은 간이 상점의 메뉴는 바뀌었지만, 아이들의 재잘거리는 이야기 소리와 응원 소리는 여전히 밝고 화창한 날씨만큼이나 포근한 고향을 생각나게 하였습니다. 영래와 영빈이의 달리기 시합을 보면서 뛰고 싶은 충동에 다리가 근질거렸습니다.

　아니나 다를까 사진을 찍기 위해 운동장을 걸어가고 있

는 저에게 여학생 한 명이 다급한 목소리로 저를 잡아끌었습니다. 그 유명한 '손님 찾아 달리기'였습니다. 순간 저는 적이 당황하였고, 잠깐 망설였습니다. 지난 몇 해 동안 건강이 좋지 않아 거의 달려보지 못했기 때문이었습니다.

그 여학생의 성화에 못 이겨 힘껏 달렸습니다. 제가 조금 주저하는 틈에 그 아이의 친구들은 이미 저만큼 앞서 달려가고 있었습니다. 저는 주저한 것이 미안하여 힘껏 달리기 시작했고, 그 여학생은 거의 저에게 끌려오다시피 뛰었습니다. 꼴찌에서 단숨에 3등으로 골인을 했습니다.

한 달음 뛰고 돌아온 저는 그만 다리가 후들거리기 시작했습니다. 한참을 그늘진 자리에 앉아 쉬었지만, 등에서 땀이 주르르 흘러내렸습니다. '건강은 건강할 때 지켜야 한다'라는 옛 어른들의 말씀이 지당하다는 생각을 했습니다.

그러면서 '힘껏 뛰고 달릴 수 있는 건강한 성도의 조건은 무엇일까?'라고 생각해 보았습니다. 성도들의 삶에 어려운 장애물이 얼마나 많은가는 익히 알고 있기 때문입니다. 그늘에 앉아 여러 가지 어려움과 역경 속에서 건강한 성도로 살아가는 데 필요한 몇 가지를 생각해 보았습니다.

우선 '하나님의 말씀을 잘 알아야겠다'입니다. 말씀 속에는 하나님에 대하여, 인간에 대하여, 그리고 인생의 목표에 대하여 잘 계시되어 있기 때문입니다. 성도들이 하나님과 인간의 본질에 대해 잘 이해하게 되면 아주 훌륭한 세계관을 갖게 됩니다.

인간들의 경험과 여러 가지 지식 그리고 인간의 생활을 편하게 할 수 있는 돈은 늘 상대적이며 변하는 특징을 갖고 있습니다. 변하지 않는 만고불변(萬古不變)의 진리인 하나님의 말씀에 대한 깊은 이해. 그것이야말로 건강한 성도가 갖추어야 할 조건이라는 생각이 듭니다.

다음으로, '사람에 대한 뜨거운 사랑이 있어야겠다'입니다. 아무리 좋은 세계관을 갖고 있어도 그것으로 자기를 높이고 자기의 유익을 위해 사용한다면, 그 또한 자기의 배만 채우기에 급급한 짐승과 다를 바 없습니다.

사람에 대한 뜨거운 사랑은 하나님 나라의 원리인 섬김과 헌신을 빛나게 하는 연료입니다. 말씀에 대한 지식은 있고 사람에 대한 사랑이 없는 사람들은 화폭에 담긴 먹음직스런 과수(果樹)에 불과한 것입니다.

건강한 사람은 달리면 달릴수록 더 건강하여집니다. 병든 사람이 달리면 오히려 건강을 더 해칠 것입니다. 푸른 하늘을 보면서 아이들 마냥 힘껏 운동장을 뛰어 보고 싶은 계절입니다. 운동회의 즐거움은 또 다른 측면에서 '나'를 보게 합니다.

평소에 꾸준히 몸을 단련하고 훈련한 사람들은 언제 어느 곳에서나 힘껏 뛸 수 있습니다. 작은 장애물은 오히려 뛰는 데 즐거움을 더하게 하는 요소로 바뀌게 됩니다. 우리 모두 건강한 성도들이 되었으면 좋겠습니다.

잃어버림과 찾음에 대한 상념

평소에 알고 지내던 어느 집사님 댁을 방문한 적이 있습니다. 그 댁은 고층 아파트 단지 내에 있었습니다. 아이들과 함께 방문하였기에 인사를 나누자마자 아이들의 떠들썩한 소리가 온 집안을 시장바닥으로 만들었습니다.

그래서 영래와 영빈이, 그 댁의 아이 둘은 조금 쌀쌀한 날씨에도 아파트 옆 놀이터에 갔습니다. 저와 집사람은 집사님과 함께 그동안 나누지 못한 이야기와 신앙에 대해 여러 대화를 하며 유익한 시간을 보내고 있었습니다.

한참 지난 후에 그 댁의 아이들이 먼저 들어왔습니다. 그래서 집사람이 영래와 영빈이는 왜 오지 않느냐고 물었습니다. 놀이터에서 놀고 있다고 했습니다. 우리는 아무 걱정 없이 또 한동안 여러 이야기를 나누었습니다.

　조금 있자니 하늘에 먹구름과 함께 소나기가 쏟아졌습니다. 당황한 집사람은 아이들을 찾으러 놀이터로 갔습니다. 방문한 댁이 9층이어서 집사람이 엘리베이터를 타고 내려가는 동안 저는 창문 너머로 아이들을 찾아보았지만, 억수같은 소나기만 얄밉게 쏟아지고 있었습니다.

　잠시 후 집사람은 사색(死色)이 된 얼굴로 돌아왔습니다. 집사님 댁 아이들만 남겨둔 채 어른들은 영래와 영빈이를 찾아 나섰습니다. 놀이터에서 가까운 쪽 통로를 뒤지기 시작하여 나중에는 온 통로를 다 찾았지만, 아이들은 없었습니다.

　비는 계속해서 점점 더 심하게 내렸고 가까운 상가를 뒤지고 단지 내에 있는 경로당을 구석구석 뒤지기도 했습니다. 아이들이 눈에 띄면 물어보기를 수십 차례 되풀이했습니다. 거의 사오십 분 가까운 시간이 흘렀지만, 아이들의 행방은 오리무중이었습니다.

　이제 집사람은 창백한 얼굴에 눈물을 찔끔거리며 안절부절 못하는 모습이 마치 실성한 사람 같았습니다. 저는 차를 몰고 아파트 단지 구석구석을 뒤졌지만 허사였습니다. 그래서 관리사무소로 가서 안내 방송을 부탁했습니다.

집집이 안내 방송이 나가고 한참이나 흘렀지만 감감무소식이었습니다. 순간적으로 미아가 되는 것을 막연히 '텔레비전을 통해서 보았는데 이렇게 되는구나.'라는 생각이 머리를 무겁게 누르기 시작했습니다. 머릿속에는 온갖 종류의 생각이 시시각각 스치고 지나갔습니다.

'우리가 하나님보다 아이들을 너무 사랑한 것인가?'

'아무것도 모르는 것들이 얼마나 무서움과 두려움에 떨고 있을까?'

'저희끼리 서로 헤어지지는 않았을까?'

'나쁜 어른에게 잡혀 정신적으로 충격을 받지는 않을까?'

'길거리에서 굶어 죽는 것은 아닐까?'

그야말로 별의별 생각이 다 들었습니다. 답답한 가슴은 이루 말할 수 없었지만, 집사람을 생각해서 내심 태연한 척하면서 천천히 가까운 통로부터 다시 찾아 내려갔습니다.

얼마 있지 않아 관리사무소에서 전화가 왔습니다. 아이들을 찾았다고 했습니다. 갑자기 내린 비 때문에 옆 동의 엘리베이터를 타고 9층으로 간 모양입니다. 그래서 초인종을 눌렀지만, 대답이 없자 다시 내려와 아무 집이나 초인종을 누르고 아빠 엄마가 계시지 않아서 왔다고 한 모양입니다. 들어간 그 집은 마침 가정집을 약간 고쳐 어린이집으로 사용하고 있었습니다.

집으로 돌아오는 길에 하나님을 생각했습니다. 그리고 참 많이 반성했습니다. '내가 목사로서 영혼에 대한 사랑함이 얼마나 없었으면 하나님께서 이렇게 가르치실까?' 잃어버린 영혼을 찾아 떠나는 사도들의 발걸음을 다시금 되새겨 봅니다. 그리고 저를 생각해 봅니다. 참 부끄럽고 죄송한 마음이 내내 떠나질 않았습니다.

하
늘
백
성
의

삶

건망증 : 인간의 실체

울릉도에 다녀왔습니다. 2박 3일의 짧은 기간이었습니다만 무척이나 보람된 시간이었습니다. 제 고향이기도 하여 정감이 더했습니다. 어릴 적에 이사를 나온 후 두 번째 방문이었습니다. 첫 번째 방문은 약 10년 전으로 기억됩니다. 그때는 너무 오랜만의 방문이라 집안의 여러 어른들에게 인사하느라 정신없이 다니다가 돌아온 기억입니다.

이번 방문에는 평소 가깝게 지내던 목사님 댁에 머물면서 대화와 산책으로 시간을 보냈습니다. 주일 저녁까지도 이번엔 못 갈 것처럼 보였지만, 화요일 오후가 되어서는 갈 수 있는 형편이 되었습니다.

수요일 아침, 대충 짐을 꾸려 울릉도행 배를 탔습니다.

창밖으로 펼쳐진 망망대해를 보면서 참 기분이 좋았습니다. 수요일 저녁 예배를 그곳 교회에서 드리고 밤바다를 구경했습니다.

목요일 저녁이 되자 폭풍이 온다는 소식을 듣고 은근히 긴장되었습니다. 그곳 교회 목사님은 저를 놀리면서 은근히 좋아하셨습니다. 주일까지 지내면서 설교도 하고 푹 쉬다가라고 했습니다.

금요일 아침이 되자 면사무소에서 안내 방송을 했습니다. 태풍 관계로 포항으로 나가는 배가 오후 2시 30분에 출발한다고 했습니다. 원래는 4시에 출발하는데 1시간 30분이나 일찍 나가는 것입니다.

부랴부랴 짐을 챙기고 부두로 향했습니다. 예전에는, 제가 머문 곳에서 포항행 배가 있는 선착장까지 가려면 차를 타고 배를 타고 차를 또 타야만 갈 수 있었습니다. 그런데 마침 제가 울릉도에 들어가는 날에 섬의 일주(一走)도로가 개통된 덕분에 빨리 선착장까지 갈 수 있었습니다.

차에서 내려 선착장에서 표를 사고 배에 올랐습니다. 다행이었지만 무언가 아쉬웠습니다. 잠시 후 배가 움직이기 시작했습니다. 불현듯 급작스럽게 저는 주머니를 뒤져보았습니다.

"아뿔싸!"

포항에서 울릉도에 올 때 포항 선착장의 주차장에 세워둔 자동차 열쇠가 없어졌습니다. 주머니를 다 뒤지고 가장 구석구석을 찾아보았지만 허사였습니다.

휴대전화로 목사님 댁에 전화를 걸어 혹 그곳에 열쇠가 없는지 찾아 달라고 부탁도 했습니다. 아무리 생각해도 어디에서 열쇠를 잃어버렸는지 생각이 나질 않았습니다.

참으로 낭패였습니다. 그렇게 30분을 이리저리 뒤지다가 결국 포기했습니다. 그리고는 어떻게 해야 하나 고민을 시작했습니다. 별수 없이 포항에 도착해서 열쇠 수리점에 연락하기로 마음을 먹었습니다.

배는 먼 바다로 나올수록 속도가 떨어졌습니다. 평소 3시간이면 도착하는데 무려 4시간 30분이나 걸렸습니다. 파도가 높으니 자연히 멀미가 심했습니다.

많은 승객들이 그냥 배 바닥에 누워 꼼짝도 하지 않았습니다. 저 역시 수면제를 들이킨 듯 꾸벅꾸벅 졸다가 빙빙 도는 머리를 눕혔다 세우기를 반복했습니다.

마침내 포항에 도착했습니다. 멍한 머리로 차 앞에 선 채, 114에 문의하여 열쇠 수리점 아저씨를 불렀습니다. 일단 운전석 쪽 문을 열고, 차 열쇠를 만들어야 하니까 반대쪽 문의 열쇠 뭉치를 떼어내기 위해 여러 가지 공구로 시도하고 있었습니다.

그 순간 제 눈에 차 안에 있는 자동차 열쇠가 확 들어왔습니다. 시동을 끈 채 열쇠를 그대로 두고 문을 잠갔다는 것을 알아차렸습니다. 아! 얼마나 반갑고 또 부끄럽던지요.

잃어버렸다고 철석같이 믿었던 제 생각이 얼마나 무참하게 틀렸는지. 자신이 자신을 믿을 수 있는 존재로 여긴다는 것이 얼마나 어리석은 것인지.

'나의 주인이신 하나님만이 나를 가장 잘 아시는 분인데, 내가 나 자신을 잘 판단하고 정확하게 이해하고 있다는 생각은 얼마나 교만한 것인지….' 하는 마음이 제 가슴을 망치질하였습니다.

결혼의 조건

　지난 토요일, 평소 알고 지내던 한 형제의 결혼식에 참여했습니다. 믿음 안에서 한 남성과 여성이 만나 아름다운 가정을 이루게 되는 것은 언제 보아도 좋은 일입니다. 그래서 많은 친구와 친지들과 성도들이 결혼식에 참석하여 축하하며 좋은 가정이 되기를 소망합니다.

　청소년기가 되면 이성에 대한 관심과 자신의 몸에 일어나는 변화에 민감해지고 동시에 호기심도 극대화됩니다. 이러한 청소년기의 특징을 이해하여 학교와 가정에서는 정도의 차이는 있지만 성교육을 합니다.

　청년기가 되면 점점 더 현실적인 문제에 관심을 두게 되고 막연하게 생각되었던 결혼이라는 사안을 깊게 생각하게 됩니다. 자신에게 적합한 결혼 대상자를 찾기도 하고 자신을 한 가정의 남편과 아내로 준비하기도 합니다.

사회 통념상 결혼 적령기라는 시기가 되면 결혼의 조건이라는 것이 실제적인 문제로 대두됩니다. 여성의 편에서는 남성이 좋은 직장, 학벌, 인물, 성품, 건강한 가정환경 등등을 가졌는가를 요모조모 따지기 시작합니다. 물론 남성 편에서도 각자 나름대로 기준과 잣대를 가지고 여성들을 평가하기 시작합니다.

일반적으로 비그리스도인들이야 자신이 기준이 되어 모든 것들을 찾고 생각하는 것이 당연합니다만, 그리스도인 청년들은 그렇지 않아야 합니다. 하지만, 작금의 그리스도인 청년들의 결혼관을 보면 정말로 걱정이 앞섭니다.

세상 사람들이 추구하는 것들을 알게 모르게 모두 추구하고 있는 것입니다. 겉으로는 "믿음이 최고지요"라고 말하면서 실제로는 절대로 그렇게 남편감이나 아내감을 찾지 않습니다.

신실한 그리스도인 청년은 '믿음의 가정'에 대한 이해가 분명한 사람들입니다. 적어도 하나님께서 가정이라는 제도를 인류에게 주셨을 때, 그 가정의 본질이 무엇이며 그 가정이 하나님 앞에서 어떻게 세워져야 하는가를 깊이 생각하는 사람들입니다.

가끔 저는 언제 결혼하는 것이 가장 좋으냐고 질문 받을 때가 있습니다. 그럴 때마다 저는 스스럼없이 "20세가 넘고 성경에서 말하는 가정 상(像)을 배우고 깨달아 알고 있을 때"라고 말합니다.

그리스도인 가정은 우선으로 '하나님의 뜻을 이루는 도구'이어야 합니다. 그러므로 남편과 아내가 하나님의 뜻을 알아감에 대한 열망이나 애착이 없다면 그 가정은 참으로 불행한 가정입니다. 하나님께서는 가정을 통하여 교회와 사회에 사명을 부여하십니다. 그래서 남편된 자는 날마다 자신의 가정이 하나님 앞에서 져야할 책임과 사명을 생각하고 그 길로 온 가정이 나아가도록 독려하고 먼저 희생해야 합니다.

이러한 측면에서 볼 때, 기독 청년들의 결혼 조건은 배우자의 신앙에 우선으로 관심을 둬야할 것입니다. 다른 모든 조건이 좋더라도 그리스도의 복음에 대한 이해가 희미하거나 말씀을 따라 살려는 자세가 약하다면 좋은 배우자의 조건에서는 멀어진 것입니다.

그러나 우리 시대는 이러한 이야기가 성경의 가르침으로 끝나고 있습니다. 그 결국이 어떠할 것인가는 너무 자명합니다. 이미 성경은 그 폐해를 우리에게 가르쳐주고 있습니다. 노아 시대가 그러합니다. 사람들이 결혼을 자신의 소견을 따라 행함으로 결국은 하나님의 심판을 받게 되었습니다.

자기 눈에 좋은 사람과 결혼할 것인가, 하나님의 뜻을 따를 것인가는 결국 신앙의 문제입니다. '내가 믿음으로 사느냐? 내 뜻에 따라 하나님을 이용하며 사느냐?' 그 둘 중 하나입니다. 중간은 없습니다.

고난의 길, 생명의 길

　얼마 전 한 여(女)성도를 만났습니다. 그분은 젊은 나이에 남편을 여의고 큰 어려움을 겪고 있었습니다. 많은 사람이 위로도 하고 걱정도 하며 염려해주고 있었습니다. 저도 그분에게 위로의 말을 몇 마디 건넸습니다. 하지만 그 위로가 별로 신통치 않다는 것을 직감적으로 느꼈고, 제 마음은 씁쓸함으로 가득했습니다.

　많은 사람들은 주변의 어려움을 만난 사람들에게 여러 가지 방면으로 위로를 합니다. 더 힘든 처지에 놓인 사람들을 예로 들면서, 지금 당신이 당한 이 일이 상대적으로 크지 않다는 인식을 심어주는가 하면, 따뜻한 위로의 말로 용기를 주기도 합니다. 그러나 그러한 위로는 참된 위로가 되지는 못합니다.

저는 아브라함을 생각했습니다. 그리고 바울도 생각했습니다. 그들도 우리와 같은 인생을 살았고 우리와 같은 어려움을 겪었을 텐데 말입니다. 가만히 생각해보면, 오히려 그들은 우리보다 더 많은 어려움과 고통을 겪었다는 것을 알 수 있습니다.

그뿐만 아니라 그들의 삶을 가만히 들여다보면, 고난의 의미와 고난이 그리스도인의 삶에 어떤 영향을 주는지를 알 수 있으며 그들은 그 고난을 어떻게 극복했는지를 알 수 있습니다.

아브라함은 70세가 넘은 노인이 되어서 고향을 떠났고, 그의 아내가 바로의 첩이 될 뻔 한 일도 있었습니다. 나그네로 인생을 살면서 가는 곳마다 주위로부터 따가운 시선과 경계의 대상이 되었습니다. 조카 때문에 전쟁을 하기도 했고, 늦은 나이에 얻은 아들을 제물로 바치려 하기도 했습니다.

바울은 다메섹에서 회심한 후, 그야말로 역경의 삶을 살았습니다. 돌로 맞아 거의 죽을 뻔 한 일도 있었고, 여러 번 감옥에 갇혔으며 배가 파선되어 바다에서 오랫동안 고생한 적도 있었습니다. 무엇보다도 그의 동족들로부터 끊임없는 질시와 살해의 위협을 받기도 했습니다.

세상 사람들의 눈으로 볼 때, 이 두 사람의 삶은 그리 아름답지 못한 삶입니다. 절대로 평범한 삶은 아니었습니다. 그럼에도 이 둘의 삶은 모든 신앙인들의 삶에 대해 충격적인 교훈을 줍니다.

이 두 분은 하나님께서 베푸신 고난의 여정을 거부하지 않았습니다. 그냥 자신에게 주어지는 어려움을 고스란히 감사함으로 받았고 환경을 탓하지 않고 묵묵히 하나님을 의지하며 살아갔습니다.

저는 여기에 고난의 참다운 의미가 있다고 봅니다. 그들은 고난의 삶을 살았지만, 아니, 하나님께서는 그들에게 고난의 삶을 살도록 허락하셨지만 그것이 전부가 아니었습니다. 그 고난에는 하늘의 기쁨과 즐거움이 있었습니다.

하나님께서 베푸신 그 길을 가보지 않은 사람은 이 기쁨과 즐거움을 도무지 알 수 없습니다. 그 고난의 역경 속에 하나님의 놀라운 복이 있는 것입니다. 아브라함과 바울이 그 비밀스러운 복을 우리에게 들려주고 있습니다.

다른 사람들에게는 그 길이 험하고 어렵고 고통스럽게 보일 뿐이지만, 정작 본인에게 그 길은 기쁨과 즐거움의 길이요, 생수의 강이 흘러넘치는 축복의 길입니다. 하나님께서 우리에게 베푸시는 길은 겉으로 보기에 고난의 길로 보일지라도 그 속에는 온갖 신비로운 하늘나라의 원리들이 숨겨져 있습니다. 그 길은 영혼을 살찌게 하는 생명 길인 것입니다.

그러므로 하나님께서 우리에게 베푸시는 고난의 길을 가보지 않은 사람은 그 길의 경이로움을 맛볼 수 없습니다. 고난의 길 속에 하나님의 복이 넘쳐흐릅니다. 우리 성도들은 그 고난의 길을 즐겁게 걸어가는 성도들이기를 바랍니다.

하나님께서 우리에게 베푸시는 길은

겉으로 보기에 고난의 길로 보일지라도

그 속에는 온갖 신비로운 하늘나라의 원리들이

숨겨져 있습니다.

공짜

'딩동, 딩동.'

순간 저는 짜증이 울컥 솟았습니다. 막 손에 잡은 책이 재미있어지려는 찰나였기 때문입니다. 약간 짜증이 섞인 목소리로 "누구세요?" 불러보았습니다. 돌아오는 대답은 저를 더 신경질 나게 만들었습니다.

"예! 택배입니다."

순간, 저는 속으로 투덜거렸습니다.

"또 …."

옆집 아주머니께서 거의 매일 집을 비우시는 관계로 이제는 일주일에 두세 번씩 옆집 택배를 받아준 지 오래입니다. 처음에는 이웃 간에 좋은 도움을 줄 수 있어서 참 다행이라고 생각하던 것이 이제는 습관이 되어 '또'라는 생각이 머리를 스치고 지나갑니다.

성이 난 얼굴을 숨기고 반가운 척 문을 열었습니다. 택배 아저씨는 환한 미소로 "오늘은 이 집 택배입니다."라고 말하였습니다. 맛있는 음식을 훔쳐 먹다가 들킨 아이마냥 엉거주춤 물건을 받았습니다. 미안함과 송구함에 얼굴이 홍당무처럼 변했습니다.

크지 않은 택배는 집사람 앞으로 되어있었습니다. 방금 실수한 것은 까마득히 잊어버리고 또다시 울컥 짜증이 올라왔습니다. 얼마 전 텔레비전 홈쇼핑을 통해 아주 유용한 물건을 산 경험이 있는 아내가 '무엇을 또 샀을까?'하는 기대보다 원망 섞인 투정이 먼저 나온 것입니다.

포장을 뜯고 내용을 보려고 하는데 그동안 지켜보던 영빈이도 한몫 거들었습니다.

"아빠, 뭐예요? 제가 뜯어볼게요."

포장을 풀어헤친 저는 약간은 허탈한 마음과 아내에 대한 미안한 마음이 동시에 들었습니다. 그것은 걸레질할 때에 주부들의 허리를 보호하기 위해 고안한 이동식 앉은뱅이 의자였습니다.

깔끔한 성격의 아내는 거의 매일 청소를 합니다. 몸이 아프면 좀 쉬어도 될 텐데 성격상 그리하질 못하는 것입니다. 조금 편하게 청소를 하려고 주문한 모양이라고 생각하고 한쪽 구석에 밀어놓았습니다. 그러자 영빈이가 냉큼 집어 배에 깔고 스케이트 타듯이 온 거실을 누비고 다녔습니다.

저녁에 퇴근한 아내에게 택배가 왔노라고 알렸습니다. 그러자 아내는 무슨 엉뚱한 소리를 하느냐는 듯이 저를 쳐다보았습니다. 영빈이가 불쑥 내민 그 의자를 보고는 아내는 깜짝 놀라는 표정을 지었습니다. 자기는 주문한 적이 없다는 것입니다.

순간적으로 우리는 당황했습니다. 어떤 기업에서 무작위로 돌리고 물건 값을 챙겨가는 것으로 이해할 수밖에 없었습니다. 아니나 다를까, 택배 표지에 은행 계좌번호와 예금주 이름이 있고 가격이 적혀 있는 것이었습니다.

아내는 회사로 전화했습니다. 주문한 적이 없는 물건이 배달되었으니 기분도 나쁠 뿐 아니라 혹 필요 없는 물건 값을 내야하는 손해를 볼까 착잡했습니다. 한참을 옥신각신하던 아내가 수화기를 내려놓는 것을 보고 얼른 물었습니다.

"뭐라고 합니까?"

"혹 선물한 사람이 없느냐? 주문하지도 않은 물건이 주소와 이름을 어떻게 알고 배달되었겠느냐?"라고 한다는 것입니다. 그러면서 담당자가 지금 자리에 없으니 한 시간 뒤에 전화하라고 한다며 짜증 섞인 대답을 건넸습니다. 아내는 요즘 세상에 주소와 이름 아는 것 정도야 누워서 떡 먹기 아니겠냐며 볼멘소리로 투덜거렸습니다.

한 시간 뒤, 아내는 수화기를 내려놓으면서 얼굴 가득 미소를 머금고 거실로 걸어 나왔습니다. 수원에 계시는 집사람의 이모님께서 우리 집뿐만 아니라 처가와 영래 이모 집까지 선물을 보냈다는 것입니다.

공짜로 받은 선물을 두고 온갖 상상과 불편함을 드러낸 제 모습을 보면서 뭔가 뒤통수를 세게 얻어맞은 기분이었습니다. 감사함으로 받고 잘 사용하겠노라고 인사를 드려야 마땅한 것을, 출처도 확인하지 않고 의심부터 하는 이 속성이 죄 아래에 있는 인간의 본성인가보다 하고 생각이 들었습니다. 혹, 하나님의 선물인 구원을 이렇게 대하는 것은 아닌지…. 온 몸에 소름이 돋습니다.

혹, 하나님의 선물인 구원을

불편하게 대하는 것은 아닌지....

영래의 꽃게 파티

우리 집의 식탁에는 가끔 꽃게가 올라옵니다. 제가 꽃게를 즐기기도 하지만 영래가 꽃게 살을 무척 좋아하기 때문입니다. 얼마 전 시장에서 먹음직한 꽃게 몇 마리를 사왔습니다. 다른 식구들은 거들떠보지도 못하고 저 혼자 요모조모 꽃게의 살을 가려먹었습니다. 그래서 집사람이 영래의 밥 위에다 꽃게 살을 올려놓는 당번이 되었습니다. 덕분에 저는 마음껏 짭짤한 맛을 즐기게 되었습니다.

저의 이런 모습을 오랫동안 지켜본 영래가 드디어 결단을 내렸습니다. 자기도 혼자 한 번 꽃게의 살을 가려내 먹어 보겠다는 것입니다. 저는 '그래 한 번 혼자 힘으로 먹어 봐!'하면서 은근히 지켜보았습니다. 물론 실패할 것을 뻔히 알면서 말입니다. 그러나 집사람은 사뭇 입장이 다릅니다. 그렇게 하면 안 된다느니, 양념 물이 떨어져 옷 버린다느니 하면서 만류를 합니다. 그러한 집사람의 말에 쉽게 포기할 영래가 아닙니다.

저의 흉내를 내어 젓가락으로 이리저리 쑤셔 보기도 하고 별로 튼튼치도 않은 이로 물어보기도 합니다. 그것도 되지 않으니까 작은 입으로 빨아 보다가 판 위에 두드려 보기도 여러 번. 결국, 한참 동안 씨름 끝에 작품이 나왔습니다. 제가 사용하던 젓가락이 게 다리를 관통하여 꽂혀 있는 것입니다. 물론 게 다리 속의 맛있는 살은 한 점도 못 먹은 채 말입니다.

자기 나름대로 열심히 생각도 해보고, 이런저런 궁리를 했음에도 결과는 엄마의 염려대로 손과 옷만 버린 꼴이 된 것입니다. 자기 손과 옷만 버린 것이 아닙니다. 온 상이 난장판이 되었습니다. 식사하는 식탁이 아니라 진흙을 갖고 노는 놀이터를 방불합니다. 게다가 저와 아내의 옷까지 엉망이 되었습니다. 주위를 둘러본 우리는 한바탕 웃고 말았습니다. 그러면서 저는 많은 것을 생각했습니다.

신앙생활을 하다 보면 가끔 당황할 때가 있습니다. 특히 신앙이 어린 성도들의 이야기를 듣다 보면 그리할 때가 많습니다. 어린 성도들의 가장 큰 특징 중 한 가지는 늘 '자기 중심'적이라는 것입니다. 행동을 해도 그렇고, 생각을 해도 그렇고, 어떤 사물을 판단하는 것에도, 어떤 사건을 보고 판단할 때도 그러합니다. 그래서 가끔 정상적인 사고(思考)를 기대한 저는 적잖이 황당할 때가 있습니다. 전혀 반대의 반응을 보이기 때문입니다.

그래도 여기까지는 별로 당황하지 않습니다. 정말 큰 문제는 그 사안에 대해 바른 관점과 해석을 제시했을 때부터입니다. 말씀의 원리를 따라 좋은 길이 제시되었을 때 그것이 자신의 경험과 생각에 맞지 않는다면 그 의견이 아무짝에도 쓸모없는 공허한 소리가 되어 버리는 것입니다. 안타까운 마음에 같은 이야기를 여러 번 되풀이하여 설명해도 효과가 없습니다. 이럴 때는 정말로 난처해집니다.

마치 어린 영래가 꽃게를 아빠가 하듯이 스스로 한 번 먹어 보겠다고 덤비는 것과 같은 것입니다. 기분 좋게, 깔끔하게, 그리고 맛있게 먹을 길이 있음에도 그것을 마다하고 옷을 버리고, 손을 더럽히고, 그것도 모자라 다른 사람까지 먹지 못하게 하는 지경에 이르게 됩니다. 정작 다른 식구들이 즐길 수 있는 것까지 모두 망쳐 놓는 것입니다. 그뿐만 아니라 자신이 지금 무엇을 했는지도 모른다는 것입니다.

　적절한 격려와 칭찬은 건강한 아이로 만들지만 지나친 칭찬과 격려는 자칫 버릇없는 아이로 키울 수 있다는 말이 생각납니다. 우리 교회는 아직 매우 어립니다. 어리다는 것은 그만큼 실수가 잦다는 말이기도 합니다. 건강하게 자라는 아이는 실수에 대해 부끄러워하지 않고 곧바로 개선하는 아이입니다.

그리스도인과 문화

'인간은 사회적 동물이다.'라는 명제를 굳이 들지 않더라도 인간은 홀로 존재하며 살 수 없는 존재임을 본능에 가깝게 알고 있는 듯합니다. 외로움, 군중 속의 고독, 소외, 질투, 사랑, 협력, 공동체 등등. 이러한 단어들은 우리가 모두 '함께' 있기 때문에 그 의미가 분명해지는 것들입니다.

인류가 공동 사회를 형성하면서 살아오는 동안 자연스럽게 형성된 것이 '문화'입니다. 문화에 대한 다양한 정의는 그 범위가 얼마나 넓은가를 알게 합니다. 문화란 인류의 지식, 신념, 행위의 총체라고 정의합니다. 좀 더 구체적으로 말하면, 문화란 인류의 학문, 예술, 종교, 관습 등을 포함한 내면적 정신 활동의 소산이라 하겠습니다.

이러한 문화는 시대와 장소를 따라 매우 다르게 나타났습니다. 그래서 2002년 우리나라의 문화적 특징을 '광장문화' 혹은 '거리문화의 활성화'라는 말로 표현하기도 합니다. 특히 최근 젊은이들 사이에서 열광적인 인기를 얻고 있는 음악과 영화 분야의 문화는 우리 시대의 모든 젊은이의 사고를 지배하고도 남습니다.

유명한 가수들의 음반이 얼마나 팔렸다느니 하는 소식이 신문 문화면에 기사로 장식되기도 합니다. 영화에 대한 기사는 아주 고정적입니다. 새로운 영화가 개봉되면 그 다음 날 일간지에는 관객 동원 수가 구체적으로 소개되기도 합니다.

이러한 문화에 대한 이해는 이제 기독교 안에서도 아주 긍정적으로 받아들여지고 있습니다. 기독교 문화라는 말은 이제 생소한 것이 아니라 모든 기독교인이 추구하고 만들어가야 할 과제로 인식하기 시작했습니다.

최근 우리나라 기독교에서 활발하게 소개되고 있는 문화 형태는 대단히 다양해져 가고 있습니다. CCM(Contemporary Christian Music, 기독교 대중음악)이 그 대표적이라 할 수 있습니다. 기독교방송 김세광 피디는 "발라드는 물론 힙합, 헤비메탈, 재즈 등 다양한 장르에서 CCM

가수들이 활동 중"이라고 소개하고 있습니다.

영화 역시 마찬가지라 생각합니다. 많은 젊은 그리스도인들이 수많은 영화를 감상하고 있습니다. 그래서 어떤 기독교 단체들은 그리스도인 청년들에게 좋은 영화를 소개하기 위해 잡지도 만들고 영화평을 쓰기도 하는 것입니다.

그리스도인들의 이러한 문화적 행위에 대해 우리는 어떤 자세를 가져야 할까요? 어떤 분들은 이러한 문화는 세속적이기 때문에 무조건 반대해야 한다고 합니다. 또 어떤 분들은 '그것이 무엇이 나쁜가?'라고 반문하며 적극적으로 동참해야 하며 더 구체적으로 기독교 문화를 새롭게 만들어야 한다고 열변을 토하기도 합니다.

문화라는 것을 한 인간 혹은 한 사회의 정신적 산물이라는 측면에서 살핀다면 반드시 어떤 형태를 띠게 마련입니다. 기독교 사회도 예외는 아닙니다. 요는 기독교 사회는 성경적 원리 위에 그 문화가 세워져야 한다는 것입니다.

이것은 기독교 문화가 항상 가변적임을 전제로 하고 있습니다. 왜냐하면, 말씀의 의미가 좀 더 다르게 해석되면 그 나타나는 양태도 당연히 달라지기 때문입니다.

물론 모든 그리스도인이 같게 해석한 경우에는 같은 문화적 양태를 띠게 되는 것이 당연할 것입니다. 예를 들어,

주일 문화는 주일에 대한 이해가 어떠한가에 따라, 성탄 문화는 성탄에 대한 이해가 어떠한가에 따라 각각 달라지게 마련인 것입니다.

현대의 한국기독교는 세속문화의 공격에 대해 거의 무방비 상태라 할 수 있습니다. CCM이 그 대표적 예입니다. 발라드, 힙합, 헤비메탈, 재즈 이러한 음악 장르는 기독교 음악에 뿌리를 두고 있지 않습니다. 교회 음악은 교회 음악으로서의 독특함이 있어야 합니다. 영화도 마찬가지입니다. 아무리 좋은 영화를 소개한다 할지라도 결국 그 영화는 세속적 세계관으로 뭉쳐져 있습니다.

세상 사람들에게서 가장 자연스러운 것이 기독교인들의 자연스러움은 아닙니다. 세상 사람들이 남녀 간 연애를 할 때는 손도 잡고, 또 다른 어떤 애정의 표현행위를 한다고 해서 그리스도인들이 그렇게 따라가는 것은 결국 세속에 물드는 것입니다. 연애도 그리스도인다운 연애를 해야 합니다.

생각 없이 사는 것은 사탄에게 자신의 목을 내어놓고 사는 것과 같은 것입니다. 음악을 한 곡 들어도, 영화를 한 편 보아도, 뚜렷한 관(觀)을 가지고 대해야겠습니다. 그것이 성숙한 그리스도인들의 자세이며 기독교 문화를 멋있게 만드는 지름길입니다.

성도와 독서

　몇 년 전부터 우리나라 국민의 한 달 평균 독서량이 2권을 넘지 못하고 있다는 보도를 접했습니다. 97년에 평균 1.52권이던 것이 지금까지 크게 늘지 않고 있는 실정입니다. 그러나 각 방송의 독서 프로그램은 많이 늘어난 듯합니다.

　텔레비전과 라디오를 통해서 책을 소개하거나 혹은 유명한 문학작품의 배경이 되는 곳을 직접 찾아가서 안내하는 프로그램도 있습니다. 라디오 프로그램에서는 어린이들이 읽으면 좋은 책부터 청소년과 어른들이 함께 읽어도 좋은 책까지 다양하게 책을 소개하고 있습니다.

　독서를 하는 데는 여러 가지 다양한 이유가 있습니다.

"약으로써 병을 고치듯이 독서로써 마음을 다스린다."라는 시저(Caesar)의 말을 따라 마음의 상처와 아픔을 달래는가 하면, 유익한 지식과 정보를 얻을 수 있기 때문에 독서를 한다고 합니다. 또한, 많은 독서는 사고력을 키우며 넓히는데 가장 좋은 재료가 된다고도 합니다. 혹자는 독서란 지혜를 얻는 데에 있지 지식의 획득에 있지 않다고 합니다.

그래서 옛말에 "하루라도 책을 읽지 아니하면 입안에 가시가 돋는다(一日不讀書 口中生荊棘)."라는 말까지 있는 가 봅니다. 이런 다양한 독서의 유익에도 불구하고 많은 사람들이 무분별한 독서의 폐해에 대해서도 충고를 합니다.

"친구를 고르듯이 저자를 고르라."라는 말은 저자의 사상이 결국 독자에게 얼마나 큰 영향력을 미치는가를 잘 표현한 것입니다. 사람의 됨됨이를 알려면 그가 어떤 책을 즐겨 읽는가를 보라고 말하기도 합니다. 베이컨은 "어떤 책은 맛보고, 어떤 책은 삼키고, 소수의 어떤 책은 잘 씹어서 소화해야 한다."라고 했습니다.

성도들은 하나님의 말씀인 성경을 가까이하는 사람들입니다. 그래서 늘 성경을 읽고 묵상하며 그 말씀의 의미를 관찰하고 해석하여 삶의 기준으로 삼습니다. 하지만, 항상 하나님의 말씀인 성경이 잘 이해되는 것은 아닙니다.

성경에는 우리에게 어렵고 이해하기 어려운 부분들도 있습니다. 이러한 어려운 부분들을 잘 이해할 수 있도록 돕기 위해 신앙 서적들이 있습니다. 신앙 서적을 읽는 것은 '말씀을 더 잘 이해함'에 그 목적이 있습니다.

그런데 어떤 성도들은 신앙 서적을 읽는 것 자체를 목적으로 하는 때도 있습니다. 그야말로 주객이 전도된 것입니다. 신앙 서적을 읽는 것 자체가 목적이 되면 사람은 교만해질 수밖에 없습니다. 우리가 어떤 책을 읽었느냐가 중요한 것이 아니라 그 책을 통하여 하나님의 말씀을 얼마나 이해하게 되었는가가 훨씬 더 중요한 것입니다.

다른 한편으로 성도들의 신앙에 도움을 주기 위해 있는 서적들이 오히려 해를 끼칠 수도 있습니다. '친구를 고르듯이 저자를 골라야'하는 것은 신앙 서적에도 마찬가지로 적용되는 이야기입니다. 잘못된 책은 하나님의 말씀에 대한 우리의 생각을 변질시키고, 그 결과로 우리의 삶은 하나님의 뜻과 무관하게 될 수 있습니다.

흔히들 가을을 독서의 계절이라고 합니다. 그러나 그것은 책을 읽게 하려는 구호에 불과한 이야기입니다. 책은 항상 우리 가까이 있어야 할 것들 가운데 한 가지입니다. 나폴레옹이 전쟁 중에도 독서를 했다는 이야기는 독서란 때와 장소가 문제가 아니라는 것을 잘 말해 줍니다.

어떤 형편에 놓이든지 열심히 책을 읽는 습관을 기르도록 합시다. 이 책이 하나님의 말씀 중 어떤 부분을 잘 이해하게 하는지 생각하며 책을 읽도록 합시다. 생각하지 않고 읽는 것은 씹지 않고 식사하는 것과 같습니다.

"그런즉 너희가 어떻게 행할 것을 자세히 주의하여 지혜 없는 자 같이 말고 오직 지혜 있는 자 같이 하여 세월을 아끼라 때가 악하니라 그러므로 어리석은 자가 되지 말고 오직 주의 뜻이 무엇인가 이해하라"(엡 5:15~17)

능력 있는 성도의 삶을 소망함

저에게 오래전에 말씀을 배운 한 청년을 만났습니다. 수년의 시간이 지난 뒤라 서로가 많이 변했다는 사실을 토로하면서 한참이나 추억 속으로 빠져들었습니다. 당시는 고등학생이었는데 지금은 두 아이의 아버지요 한 여성의 남편이 되어 있었습니다.

오랜만에 만난 터라 밤늦게까지 이런저런 이야기를 주고받았습니다. 물론 신앙생활에 대한 이야기와 교회에 대한 이야기가 주를 이루었습니다. 대화 가운데 그 청년은 저에게 자신의 신앙생활 중 너무나 큰 깨달음이 있었음을 고백하면서 마치 고해성사라도 하듯이 때로는 나직하게 때로는 격정적인 목소리로 이야기를 들려주었습니다.

오래전 제자의 흥분된 목소리를 들으면서 꿈을 꾸듯 대화 속으로 빠져 들어갔습니다. 한가한 오후, 따끈한 차 한 잔을 마시고 안락한 휴식의 평화 속으로 미끄러져 들어가듯이 제 영혼은 나른한 즐거움을 탐닉하고 있었습니다. 노(老) 교수가 제자의 성공을 얼굴 가득 미소를 머금고 바라보듯 저도 그러한 기분이었습니다.

그는 자신이 최근 출석하게 된 교회 이야기를 했습니다. 자신이 그 교회에 출석하게 된 이유는 목사님의 설교와 가르침, 그리고 그 교회가 추구하는 바가 매우 좋았기 때문이었다고 했습니다. 평소 생각하던 교회에 직접 참여하게 되었고, 늘 듣고 싶었던 바른 설교를 듣게 된 것이 너무나 좋았다고 했습니다.

"목사님! 그런데 그 교회를 출석하고 난 뒤부터 저는 매우 당황하였습니다."

"아니, 왜?"

"글쎄, 저는 그 교회에 가면 모든 것이 자연스럽게 그리고 저절로 신앙이 자랄 줄로 알았거든요."

"그런데?"

"그게 아니었습니다. 오히려 저 자신이 말씀대로 살기를 적극적으로 거부하고 있는 것을 발견하였거든요."

저는 의아해하면서 물었습니다.

"그전에 네가 가졌던 그 열심과 말씀에 대한 열정은 도대체 뭔데?"

"그때는 참 열심이었죠? 맞습니다. 그런데 저는 그것이 순수한 열정이었다고 생각했는데 지금 생각하면 그 열정은 위장이었던 것 같아요."

"위장이라니?"

"다른 사람에게 나를 좀 나타내 보이려고 하는 것 있잖아요? 그런 거였습니다. 후배들에게 멋진 선배, 뭔가 배울 게 있는 선배, 선배들에게는 똑똑한 후배로 보이고 싶었던 것이지요."

"……."

"사실, 저도 저 스스로 속고 있었지요."

그러면서 그 청년은 말씀을 따라 산다는 것이 얼마나 어려운지 모르겠노라고 한참이나 반복하여 이야기하였습니다. 그러면서 그는 "능력 있는 삶은, 무엇인가를 지적으로 아는 것에서 오는 것이 아니다"라고 힘주어 말하였습니다.

고통을 당하고, 삶 속에서 실패해 보고, 결국 자기 힘으로 되는 것이 단 한 가지도 없다는 사실을 뼈저리게 느끼고 난 후에야 신앙이 무엇인지 조금 알 것 같다고 했습니다.

그리고는 자신이 겪은 삶의 고통과 그 고통에서 벗어나기 위해 자기 힘으로, 하나님의 방법이 아닌 자신의 방법으로 인생을 살아온 경험들을 이야기했습니다.

그의 결론은 아주 간단한 것이었습니다. 신앙이란 지적으로 알고 있는 것을 삶 속에서 실제로 깨닫고, 그래서 인간적인 방법을 추구하지 않고 신앙적인 방법으로, 사람들의 판단보다 하나님의 판단을 더 귀중하게 여기는 삶을 사는 것이라는 것입니다.

그렇습니다. 성도라면 누구나 능력 있는 삶을 살고 싶어 합니다. 그러나 그 능력 있는 삶은 저절로 되는 것이 절대 아닙니다. 삶 속에서 배우게 되는 깊은 깨달음이 있어야 합니다. 우리는 종종 하나님을 아는 것 외에 모든 것을 잃는다 해도 행복한 것이 그리스도인의 삶이라고 고백합니다. 그러나 실제로 많은 것 중에 단 한 가지를 잃고도 '왜, 하필 나에게?', '하나님은 없다.'라느니 '하나님은 더는 나를 사랑하지 않는다.'라느니 하면서 불평을 주절주절 쏟아 냅니다. 우리 샘터 식구들은 하나님 한 분만으로 기뻐하고 즐거워하는 성도들이기를 소망합니다.

돌잔치

며칠 전 조카의 돌잔치에 초대받았습니다. 많은 사람이 하는 것처럼 큰상(床)을 차리거나 요란한 선물을 주고받는 것 없이 조촐하게 함께 식사했습니다. 옛날부터 우리 민족은 돌이나 생일에 대한 특별한 의미를 많이 부여했습니다.

아이가 태어난 후 첫 번째 생일이 되면 큰 잔치를 배설하고 이웃과 친지들을 초대했습니다. 초대받은 친지들과 이웃들은 금반지며 쌀, 돈, 실 등을 선물합니다. 물론 이러한 선물에는 그 나름의 의미가 담겨 있는데, 실은 장수를 돈은 부귀를 쌀은 생명을 금반지는 귀신으로부터의 보호를 의미합니다.

아이의 부모는 큰 돌상을 차리는데 이 상은 사실 아이에게 주기 위한 상이라기보다는 삼신할머니를 위한 상입니다. 상에 차려진 음식에는 꼭 붉은 팥이나 수수로 만든 떡이 올라갑니다. 그것은 악령의 접근을 막는 것을 의미합니다. 무지개떡도 같은 의미를 담고 있습니다.

이날 아이에게는 색동옷을 곱게 입히는데 이것 역시 귀신의 접근을 막는 역할을 한다고 생각합니다. 그래서 돌상은 어떤 의미에서는 제사상이기도 한 것입니다. 곧 통과의례적인 제사의식이라고 할 수 있겠습니다.

비단 돌 때만 아니라 생일에도 상을 차리는데, 같은 의미가 내포되어 있습니다. 물론 요즘은 이러한 전통적 의미를 믿고 그대로 지키기 위해 생일상을 차리는 경우는 희박합니다. 그러나 아직도 우리 주위에서는 이러한 의미가 희미하게나마 남아 있습니다. 그래서 생일상을 받지 못한 어른들이 신세를 한탄하는 것은 자신을 지켜주는 신(神)이 상을 받지 못해 자신을 보호해 주지 않을 것이라는 불안감의 한 표현입니다.

그리스도인들도 생일을 맞거나 아이들의 돌이 되면 상을 차리고 성도들을 초대하여 함께 음식을 나누는 경우가 종종 있습니다. 물론 성도들은 위와 같은 의미로 생일상을 차리거나 음식을 나누지는 않습니다.

성도들은 축하하는 일에도 성경에서 말하는 안목(眼目)을 가져야 합니다. 일반인들이 하는 것처럼 이 세상에서의 행복과 번영과 복을 비는 것은 삼가야 합니다. 성도는 이 세상에 살지만 이 세상 백성이 아님을 우리는 잘 압니다(빌 3:20).

성도는 하나님 나라를 위해 사는 사람들입니다(마 6:33). 그러므로 성도에게 있어서 가장 큰 복은 예수 그리스도를 바로 알고(마 16:17) 그분과 복음을 위해 사는 것입니다(마 19:29). 이러한 삶이 축하하는 성도에게나 혹은 아이에게 나타나도록 도우며 위해 기도하는 것이 가장 큰 선물입니다. 혹, 선물을 준비할지라도 마음 가운데 이와 같은 염원을 담아 보내는 것이 참다운 축하입니다.

한편으로 생일이나 여러 다양한 축일(祝日)을 당하여도 아무것도 준비할 수 없는 형편에 있는 다른 이웃들을 생각하는 배려가 있어야 합니다. 종종 명절을 맞이할 즈음에 고아원이나 양로원에서 쓸쓸하게 시간을 보내는 분들을 텔레비전을 통해 봅니다. 우리의 이웃에는 항상 이러한 분들이 상존하고 있다는 생각을 잊지 말아야겠습니다.

나의 즐거움과 기쁨이 다른 이웃에게는 상대적 열등감이나 상실감을 불러일으킨다는 사실을 명심해야겠습니다. 어쩌면 교회 공동체 안에서도 신앙이 어린 분들 가운데는 이러한 경험을 하는 분들도 있으리라 생각됩니다.

우리 샘터교회 가족들은 축일을 맞이할 때 성숙한 신앙인의 모습을 드러낼 수 있도록 모두 함께 노력하도록 합시다.

명절에

추석은 우리나라 고유의 명절입니다. 그 유래가 오래되
어 정확하게 전해오는 것은 없습니다. 하지만, 대체로 지
금으로부터 약 2천 년 전 유리 왕 때부터 시작되었다고 합
니다. 추석, 혹은 중추절(仲秋節), 한가위로 불리는 이날은
온 민족의 잔칫날임이 틀림없습니다. 올해에도 민족의 대
부분이 고향을 찾고 있고 이 때문에 도로가 막혀 서울에서
부산까지 10시간이 걸렸다느니 11시간이 걸렸다느니 하는
것들이 주요 뉴스를 차지합니다.

중추절이나 한가위라는 말 자체는 어떤 의미를 담고 있
는데, 한가위는 한가운데라는 의미가 있는 것으로 추정합
니다. 즉 음력 8월 15일이 가을의 한가운데라는 것입니다.

또 중추라는 말은 후대에 중국의 한자가 사용되면서 중국의 표현을 그대로 따른 것입니다. 추석이라는 말은 중추(仲秋 : 가을의 가운데)와 월석(月夕 : 밝은 달밤)에서 한 자씩 따온 것입니다.

이날에는 주로 성묘(省墓)와 차례(茶禮)를 지내고 씨름, 강강술래, 가마싸움 등을 합니다. 한마디로 이날은 온 민족이 조상신에게 풍년을 감사드리고 서로 어울려 흥겹게 잔치를 벌이는 날입니다. 성묘와 차례를 통해 종교적 의미를 주고 그 외에 흥겨운 놀이를 통해 잔치를 즐기게 됩니다. 그래서 추석이 가까워져 오면 자신의 형편이 어떠하든지 관계없이 제수(祭需)를 사기 위한 사람들로 시장(市場)이 문전성시(門前成市)를 이루는 것입니다.

조상 대대로 내려오는 이러한 풍습과 전통에 대해 그리스도인들은 어떻게 생각해야 하며 어떤 의미로 보내어야 할까요? 복음을 알지 못하는 사람들이야 그냥 모든 사람이 그렇게 하니까 따라가면 되겠지만, 그리스도인들은 이러한 부분에 대한 나름대로 분명한 이해가 있어야 합니다.

우선 그리스도인에게 있어서 가장 큰 명절, 곧 잔칫날은 '주의 날(Lord's Day)'입니다. 우리가 말하는 일요일인데, 이날이 잔칫날이 되는 것은 그 백성의 죄를 담당하시고 십자가 위에서 죽으신 그리스도께서 지금의 일요일 아침에 부활하셨기 때문입니다. 이 날의 부활은 믿는 자들에게 구원이 되는, 역사 속에서 일어난 객관적 사실이기에 그 어떤 날보다도 가장 큰 날입니다. 그러므로 주의 날을 경(輕)히 여기는 것은 그리스도인들에게는 가장 큰 수치인 것입니다.

그렇다면 민족 고유의 명절에 대해서 우리는 어떻게 생각하여야 할까요? 우리는 사회의 문화 속에 영향을 받고 살아가고 있습니다. 그래서 추석이 국가가 정한 공휴일이기에 그것을 따라 함께 쉬게 됩니다.

우리는 이 쉼을 감사함으로 받아들입니다. 그러나 이 날들을 어떻게 보낼 것인가에 대해서는 신중하게 생각해야 합니다. 조상의 은덕을 감사하면서 보내는 날로 지키는 것은 분명히 아닙니다. 오히려 우리의 삶을 풍요롭게 하며 인도하시는 분은 하나님이심을 고백하는 것이 우리의 신앙의 요지입니다.

그러므로 우리가 이러한 날들을 보내는 기저(基底)에는 '하나님의 도우심과 인도하심으로 우리가 이러한 풍요로움과 즐거움을 누리고 있다'라는 고백이 있어야 합니다. 또한, 그동안 흩어졌던 가족들을 만나고 그 가족들과 삶과 인생에 대한 진지한 대화가 오가는 사귐의 시간으로 보내야 하겠습니다. 이런 기회를 통해 믿지 않는 친척들에게 복음을 소개하는 좋은 기회가 될 수도 있을 것입니다.

더불어 나의 즐거움이 항상 나보다 못한 이웃들에게 상대적 박탈감을 줄 수 있다는 사실을 명심해야 합니다. 그래서 어떤 그리스도인들은 이러한 날에 홀로 사시는 노인들이나 소년 소녀 가장들을 방문하기도 합니다. 곧 사회적 약자들을 돌보고 함께 시간을 보내는 좋은 기회로 삼기도 합니다.

그리고 이 명절이 그리스도인들에게 다른 날들과 구별된 어떤 특별한 날로 인식하지 않는 것 또한 매우 중요합니다. 하나님께서는 우리에게 모든 날을 주셨고 그 날들 가운데서 신실하게 살 것을 가르치고 있기 때문입니다. 유익한 명절을 보내길 소망해 봅니다.

아! 어리석음이여

민감한 삶

학교 옆 도서관에서 설교를 위해 자료 한 가지를 복사하고 집으로 올라가는 계단을 힘들게 오르고 있었습니다. 도서관으로 갈 때 지나가는 소리로 설문조사를 한다는 아주머니 두 사람을 1층에서 만났었는데, 그 두 사람이 4층에서 우리 집으로 올라가고 있었습니다.

제가 집 앞에 이르자 한 아주머니는 반가운 듯 인사를 하고 제가 들고 있는 책을 이리저리 보더니 교회에 다니느냐고 물었습니다. 분명히 '설문조사'라는 이야기를 들었는데 갑자기 교회 이야기를 꺼내니 저는 의아해하면서 "왜 그러시는데요?"라고 물었습니다.

그러자 한 아주머니께서 자신들은 설문조사를 하는 중이

라면서 협조를 부탁한다는 말과 함께 질문지를 제 앞에 내밀었습니다. 질문지를 받은 저는 순간적으로 당황하였지만, 질문들을 쭉 읽어 내려가다가 맨 밑에 굵게 인쇄된 '멜기세덱 성경 연구원'이라는 문구가 눈에 들어왔습니다.

저는 왜 이런 설문조사를 하는지 이들의 의도가 궁금했을 뿐 아니라 어떤 부류의 사람들인지 무척 궁금하여 "어디에서 나오셨습니까?"라고 물었습니다. 그러자 "우리는 하나님의 교회에 속한 사람들입니다. 혹 목사님이십니까?"라고 되물어 왔습니다.

그러자 그분들은 어느 교단이며 어느 교회 목사님이시냐고 아주 이상한 미소를 지으며 물어왔습니다. 기분이 약간 상한 저는 대충 교단과 교회를 이야기해 주었습니다. 그러자 대뜸,

"목사님, 안식일이 지금의 어느 요일인지 아십니까?"

"물론, 토요일이지요."

"그럼, 목사님은 안식일 지키십니까?"

"예, 저는 안식일을 원리적으로 지키지만, 날은 지키지 않습니다."

이렇게 시작된 논쟁은 아파트 복도를 시끌시끌하게 만들기에 충분했습니다. 다행히 낮이라 이웃들이 없었기에 망

정이지 무슨 싸움이 났나 하고 구경을 나올 판이었습니다.

이렇게 해서는 안 되겠다고 생각한 저는 마음을 진정시키고 조용하고 천천히 이야기했습니다. 그러나 한 아주머니는 거의 이성을 잃은 상태가 되었습니다. 개신교 목사들을 욕하는가 하면 심지어는 자기 집안사람 중에 개신교인이 있는데 제가 아무리 가르쳐도 듣지 않는다면서 없는 집안사람까지 욕을 하였습니다.

왜 성경이 말하는 대로 믿지 않느냐고 저에게 항의를 합니다. 그러자 함께 온 다른 아주머니가 흥분한 아주머니를 자제시키며 이제 됐으니 가자는 것입니다. 이렇게 있다가는 자신들의 목적이 이루어지지도 않을뿐더러 아무 유익이 없다고 판단한 것입니다.

저도 더는 대화가 되지 않음을 짐작하고 어서 가시라고 했습니다. 그리고 집으로 들어와 가슴을 진정시키고 점심을 먹으면서 조금 전에 있었던 일들을 생각해 보았습니다. 너무 경솔했다는 생각을 지울 수가 없었습니다.

저는 '하나님, 저에게 복음을 전할 수 있는 믿음과 어느 형편에 놓이든지 담대히 복음을 전할 수 있도록 해주시고, 또한 그러한 사람들을 많이 만날 수 있도록 해 주십시오.' 라고 늘 기도하고 있었습니다.

그리스도인의 삶에 우연이란 없다는 것을 누구보다 잘 알고 있음에도 이들을 만난 것이 우연이 아님을 왜 감지하지 못했는지 모르겠습니다. 하나님께서 이들을 나에게 보내셨다고 좀 더 냉정하게 생각해야 했습니다.

다음에 만나면 흥분하지 않고 차근차근 복음을 잘 전할 수 있도록 해야겠다고 다짐하고 또 다짐해 봅니다. 제 어리석음을 한탄하며.

복제 신앙(複製 信仰)

　아내의 요즈음 일과는 참 바쁩니다. 매일 오후에는 인근 학원에서 피아노를 가르치고, 일주일에 세 번 오전 시간에는 초등학교에서 무료로 운영하는 컴퓨터 교실에도 가기 때문입니다. 얼마 전부터 다니기 시작한 컴퓨터 교실에서 인터넷과 한글 프로그램을 배우는가 봅니다.

　아내는 저에게 인터넷에서의 글씨체 바꾸기나 한글 97에서 도표를 어떻게 만드는지 아느냐고 물으면서 은근히 뽐내기도 합니다. 집에서 곧잘 컴퓨터를 만지는 아내를 보면서 저보다 훨씬 낫다는 생각을 합니다. 그 부지런함을 저는 따라갈 수가 없고 배우는 속도도 아주 빠르기 때문입니다.

　이렇게 빠르게 배울 수 있는 것은 그날 배운 것을 집에서 꼭 반복하기 때문입니다. 자기 것이 될 수 있도록 몇 번이고 해보는 것. 그래서 결국은 자기 것으로 만드는 것. 이러한 것이 아내가 저보다 빨리 컴퓨터를 배우는 이유입니다.

얼마 전 부산에서 심야 버스를 타고 오던 중 러시아인들을 만났습니다. 옆자리에 나란히 앉아 이것저것 묻기도 하고 대답도 하면서 즐겁게 올라왔습니다. 블라디보스토크 출신인 그들은 경주의 모 호텔에서 음악을 하는 사람들이었습니다.

직업, 가족, 여행, 음식에 대해 한참이나 이야기를 하다가 제가 목사라는 사실을 밝히자 그들은 저를 더욱 신뢰하는 모습을 보이며 교회의 규모에 대해서 물어 왔습니다. 제가 목회하는 교회가 작고, 큰 교회들보다 좋다고 하자 왜 그런지 의아해하면서 그 이유를 물었습니다.

저는 매우 열심히 설명했지만 잘 전달되지 않았습니다. 저의 짧은 영어실력 때문이었습니다. '이 정도는 설명할 수 있겠지'라고 생각한 저의 판단은 완전히 빗나갔습니다. 잘 알고 있었던 단어들이 거의 기억이 나지 않아 진땀을 흘려야 했습니다. 사용하지 않는 말들, 곧 완전히 내 것이 안 된 단어들은 대부분 생각나지 않았습니다. 설명을 포기한 저는 미소로 상황을 얼버무렸습니다.

우리는 매 주일, 혹은 매일 하나님의 말씀을 듣고 배웁니다. 그래서 어느 정도 교회를 오래 다닌 사람들은 뭔가 성경을 많이 알고 있다고 생각합니다. 또한, 자신의 신앙이 누구보다는 좋으리라고 짐작합니다.

사실 교회를 한 십 년쯤 출석하다 보면 웬만한 성경 구절들은 다 듣게 됩니다. 요즈음은 워낙 미디어가 발달하여서 인터넷에서 하루에 수십 편의 설교를, 그것도 한국에서 가장 설교를 잘한다는 분들의 설교를 들을 수 있습니다.

많이 듣고 많이 알기 때문에 자신도 모르게 자기 신앙에 대해서 과신하는 경향이 있습니다. 나아가 많이 듣게 된 내용을 친구나 후배, 혹은 가까운 사람들에게 그것이 마치 자신의 것인 양 설명하고 조언하기도 합니다. 이러한 과정들을 거치면서 사람들은 자신의 신앙에 대한 정확한 판단을 그르치게 됩니다.

'자신이 동조하여 말하는 것이 마치 자기 신앙인양 착각하는 것.' 그것이 바로 복제된 신앙의 가장 큰 함정입니다. 분명히 알고 있고 그것을 여러 사람에게 설명하기도 합니다. 그러나 정작 자신의 삶은 그렇게 살아가지 않는 경우가 종종 발생합니다. 왜 그렇습니까? 그것은 자기가 주장하고 설명하는 것들이 자기 것이 아니기 때문입니다. 남의 가르침을 완전히 자기 것으로 만들지 못했기 때문에 그렇습니다.

컴퓨터를 잘 배우는 제 아내나 영어 회화를 잘 못하는 제 모습이나 모두 자기 것으로 만들었느냐, 그렇지 못하냐의 문제입니다. 복제된 신앙도 마찬가지입니다. 내가 좋아하고 따라가고 싶은 사람의 사상과 생각을 내가 많이 알고, 또 다른 사람들에게 이야기하고 있다고 해서 그것이 곧 나의 사상과 생각은 아닙니다.

내가 추구하는 신앙을 내가 아무리 많이 말해도 그것이 나의 삶 속에서 열매로 나타나지 않으면 그것은 나의 신앙이 아니라 타인의 신앙일 따름입니다. 내 것으로 살아가는 것. 오늘 우리에게 가장 필요한 부분이 아닌가 생각합니다.

선거일을 앞두고

며칠 있으면 지방 자치 단체의 일꾼들을 뽑는 날입니다. 나라 전체가 온통 월드컵 열기 때문에 언론에서는 낮은 투표율을 예상하고 있습니다. 이 때문에 정부에서 투표율을 높이기 위해 많은 노력을 기울이는 것이 여러 곳에서 보입니다.

선거를 흔히 민주주의의 꽃이라고 합니다. 다수 의견이 직접적으로 표출된다는 측면에서 보면 그 말은 옳습니다. 하지만, 다수의 의견이 늘 옳은 것은 아닙니다. 그것은 민주주의 자체가 집단적 이기주의에 빠질 수 있는 맹점을 안고 있기 때문입니다. 그렇다고 해서 사회주의 체제가 더 좋은 정치체제라고 말할 수도 없습니다.

우리는 소위 사람들이 말하는 선거를 합니다. 대체로 그리스도인들의 정치에 대한 인식은 무관심하거나 아주 미미한 편입니다. 이 땅에 살면서 이 땅의 사상과 정반대로 사는 그리스도인 자체가 가진 세계관이 그 원인일 수 있겠습니다. 하지만, 좀 더 적극적인 그리스도인들도 있습니다. 어찌 되었든지 선거는 우리의 생활 가까이에 있습니다.

　수년 전 대통령 선거를 하면서 한국교회는 몸살을 앓았습니다. 장로가 대통령이 되면 하나님께 영광이 된다는 논리를 펼치는 사람도 있었습니다. 교회가 정부로부터 무엇인가 종교적 혜택을 누릴 수 있다는 기대감으로 열정적으로 선거전에 동참한 목사와 장로들도 많이 있었습니다. 그러나 그 끝은 우리가 이미 잘 알고 있습니다.

　아직도 그리스도인이라는 것이 선거에 유용한가 봅니다. 저는 선거 홍보 명함을 몇 장 받았습니다. 그곳에는 'OO교회 집사'라는 경력이 기록되어 있었습니다. 잠깐 그 명함을 쳐다보면서 생각했습니다. '이렇게 OO교회 집사라는 항목을 넣으면 어떤 이득을 볼까? 사람들이 좀 더 청렴한 사람으로 볼까? 아니면?'

　그리스도인이면 곧 청렴하다는 것은 이제 우리 사회에서 별 효력이 없는 것 같습니다. 최근 10여 년 동안 교회의 장로, 집사가 연루된 부정과 부패가 한두 번이 아니었습니다. 그렇다면 선거 홍보 명함에 그렇게 자신이 그리스도인임을 기록하는 것은 한 가지 이유뿐인 것 같습니다.

같은 종교를 믿고 있다는 동질성을 강조하고, 그것을 이용해서 표를 얻는 것입니다. 결국 학연, 지연, 혈연과 같은 류(類)의 것입니다. 그리스도인이라는 신분이 선거에나 이용되는 아주 천박한 표로 전락한 것입니다. 초대교회에서 칭찬 듣던 표가 이제는 얄팍한 상술과 같은 것이 되어 버린 것입니다.

선거철만 되면 저는 늘 고민합니다. 누구를 뽑아야 하나? 그래서 어떤 경우에는 아예 투표를 하지 않은 때도 있었습니다. 지지하고 싶은 사람이 한 사람도 없었기 때문입니다. 그러면서 어차피 누군가를 뽑아야 한다면 최선이 아니면 차선의 사람이라도 뽑아야겠다는 생각을 했습니다. 그것이 더 성경적이지 않은가 하고 생각한 것입니다.

가장 좋은 후보는 하나님 나라에 대한 분명한 이해가 있고 그 법을 따라 행하는 사람입니다. 그러나 그런 사람이 현실적으로 없을 땐 차선의 선택을 하는 것입니다. 사람을 귀하게 여기고 항상 약자 편에서 일하는 사람. 부정과 부패에 대해 단호한 정직한 사람. 이런 사람들에게 표를 던지는 것이 바람직하리라 봅니다.

그리스도인들도 한 사람의 국민입니다. 그리스도인과 정부의 관계는 아주 분명합니다. 정부가 하나님의 법에 위배되는 일을 강요할 때는 단호히 거절할 수 있습니다. 그러나 그렇지 않았을 때 잘 순종하는 것이 우리 개혁주의 신학의 가르침입니다.

이런 측면에서 국민에게 맡긴 선거권을 현명하게 잘 이용하는 것도 정부에 잘 순종하는 것이라고 봅니다. 그리스도인이라는 것이 한 표 더 얻으려는 얄팍한 수단으로 전락한 현실이 안타까울 따름입니다. 하지만, 이 어두운 시대가 하나님의 복음 때문에 밝아질 날을 기다려 봅니다.

가장 좋은 후보는

하나님 나라에 대한 분명한 이해가 있고

그 법을 따라 행하는 사람입니다.

성유(?) 농약 살포

  우리 집에서 버스를 타기 위해 큰 길로 나가는 골목길에 여러 채의 주택이 있습니다. 그 주택 중에 유난히 지난 여름부터 제 시선을 끄는 집이 있었습니다. 그 집 담벼락 가에는 예쁜 석류나무 한 그루가 서 있습니다.

  지난 봄에 주홍색 꽃이 보기 좋게 피어나더니 여름을 지나고 가을이 되자 석류가 주렁주렁 열렸습니다. 터진 껍질 사이로 빛나는 붉은 열매는 지나가는 나그네의 군침을 흘리기에 충분했습니다.

  설사가 날 때면 좋은 약이라고 말씀하시던 옛 어릴 적 동네 어른들의 말씀이 기억납니다. 그 매력에 이성을 잃은 도선생(?)들이 가끔 출몰한 모양입니다. 언제부터인지 알 수 없지만, 석류나무가 서 있는 담벼락에 핏빛 페인트로 '성유 농약 살포'라고 위협해 놓았습니다.

석류 열매가 한참 선홍색 속을 터뜨릴 때 자기 동지들이 밤손님에게 유린당하는 것을 보다 못 한 석류가 자신의 온몸으로 써 놓은 글씨 마냥 처연한 느낌으로 다가왔었습니다.

계절이 바뀌어 찬 겨울바람에 나뭇잎들이 하나 둘 떨어지고 그 석류나무도 앙상한 가지만 드러내 놓고 있습니다. 하지만, 그 담벼락에는 여전히 '성유 농약 살포'라는 문구가 흉하게 남아 있습니다.

지난 가을 치열한 생존 투쟁은 이제 과거가 되었는데 그 글자만 행인의 눈길을 끕니다. 이런저런 생각을 뒤로 하고 붉은 페인트로 자신의 석류를 지키기 위해 방어한 집주인에게 생각이 미치면 석류 열매의 상큼한 맛이 도살장의 비릿한 피 냄새로 변해 추운 겨울바람 속에 서 있는 저를 더 움츠리게 합니다.

무심히 보아온 담은 인간의 힘으로 영원히 넘어설 수 없는 에덴의 경계 마냥 높아 보입니다. 그 담은 더 이상 길과 집을 구분해 놓은 경계가 아니라 사람과 사람 사이의 마음을 가로막은 무관심의 장벽 같아 보입니다. 아니, 무관심하기라도 하면 오히려 좋겠습니다. 무관심을 넘어 적의(敵意)의 총구 같아 보입니다.

자기 것이라는 소유욕이 얼마나 무서운 것인가를 적나라하게 보여줍니다. 타인으로부터 내 것을 지켜야만 안전하다는 생각은 언뜻 지혜로운 것 같지만 기실(其實) 빈곤과 메마름의 첫걸음입니다. 이것이 죄 아래 있는 인간의 본성인가 봅니다.

그리스도인은 자기 것이 없는 사람들입니다. 오래 전 우리 믿음의 선배들인 이스라엘 백성이 광야를 지나면서 하늘로부터 온 신령한 양식인 만나와 메추라기를 먹은 것을 기억해 봅니다.

하나님의 백성은 하나님께서 먹이시고 입히십니다. 그가 가진 것은 하나님께서 그에게 맡기신 것입니다. 어느 것 하나 내 것이 아닙니다. 우리는 종종 이 사실을 잊어버릴 때가 있습니다.

연말을 보내면서 인간의 욕심에 대한 상념이 저를 우울하게 합니다. 주님의 말씀이 생각납니다.

"이 세상이나 세상에 있는 것들을 사랑치 말라 누구든지 세상을 사랑하면 아버지의 사랑이 그 속에 있지 아니하니 이는 세상에 있는 모든 것이 육신의 정욕과 안목의 정욕과 이생의 자랑이니 다 아버지께로 좇아 온 것이 아니요 세상으로 좇아 온 것이라 이 세상도, 그 정욕도 지나가되 오직 하나님의 뜻을 행하는 이는 영원히 거하느니라"(요일 2:15~17)

그리스도인은 자기 것이 없는 사람들입니다.

촌장(村場)에서

홍해에는 우리의 많은 농촌처럼 장(場)이 열립니다. 어떤 곳은 7일 만에 한 번 열리기도 하고 혹은 5일에 한 번 열리기도 하는데, 그래서 칠일장, 오일장이라고 하지요. 홍해는 5일마다 열리는 장입니다.

2일과 7일에 개장되는데 그야말로 빈틈이 없습니다. 좁은 도로변은 시골 구석구석에서 가져온 온갖 물건들로 아침 일찍부터 가득 채워집니다. 시장 옆 골목길도 예외는 아닙니다.

우리네 농촌이 그러하듯이 젊은 사람이라고는 거의 찾아볼 수가 없습니다. 주로 쉰이 넘은 아주머니들과 칠순이 넘은 듯한 할머니들이 좌판을 벌여놓고 어줍은 호객을 합니다.

 팔기 위해 갖고 온 물건들도 가지각색입니다. 고구마, 감, 배, 사과, 고추, 배추, 상추, 마늘, 양파, 밤, 콩, 심지어 콩잎으로 만든 반찬, 데쳐서 먹을 수 있게 한 고구마 줄기, 호박잎. 민간요법으로 널리 애용되는 인진 쑥, 각종 약초. 거기에다 바닷가이기 때문에 나오게 되는 살아 있는 횟감들, 말린 명태며 오징어, 쥐포 등등.

 전문 장사치들이 아니기에 가격도 천차만별입니다. 또 갖고 온 물건을 모두 팔아 보아야 거저 몇 만 원을 넘기지 못하는 적은 분량이 대부분입니다. 그래도 주름진 얼굴에 환한 웃음을 잃지 않는 분들이 많습니다.

 두툼한 손바닥과 거칠한 피부, 구부러진 허리가 영락없는 고생의 흔적들이지만 누구 하나 그런 것에 신경 쓰는 사람이 없습니다. 물건을 사러 나온 젊은 아줌마들의 요란한 치장과 화장 냄새와는 너무나도 거리가 먼 자연을 보는 듯합니다.

 그래서 시골 장터는 흐르는 세월에 순응하며 사는 인생의 참모습을 볼 수 있는 드라마와 같습니다. 그 드라마의 한 곳 한 곳을 클로즈업하여 보면 더 재미있고 유익한 것들이 많이 있습니다.

과일장수 할머니들은 어떻게 하면 자신의 과일을 예쁘게 놓을까 요리조리 모양을 내기도 하고 채소장수 아줌마는 따가운 가을 햇볕에 혹 채소가 시들지나 않을까 연방 그림자를 만드느라 정신이 없습니다.

자기가 팔려는 물건이 작건 크건 그것은 그다지 중요하지 않습니다. 그냥 자신의 물건에 온 힘을 다해 정성을 쏟는 것을 보면 참 미련해 보이기까지 합니다. 팔아 보아야 몇 푼 되지 않는데도 말입니다.

그런 와중에도 그들의 손은 늘 자신의 물건에 가는 것을 봅니다. 그들에게 이것은 나이 어린 손자들의 용돈이나 자신에게도 쌈짓돈이기 때문에 온갖 정성을 쏟는 것입니다.

그러고 보면 이 분들은 물건의 효용 가치를 나타내는 돈 자체보다 그 무엇인가에 더 애착을 느끼고 있다는 생각을 하게 됩니다. 곧 자신이 땀을 흘리고 정성을 다해 키워온 그 작물에 대한 애착이 고스란히 배어 있음을 느끼게 됩니다.

작고 경제적 의미로는 효용 가치가 떨어지지만 그럼에도 그것은 자기 노력의 결과물이고, 자신이 수고한 것이기에, 작지만 자기의 것이기에 애착이 가는 것 같습니다. 이런 측면에서 사람은 누구나 같은 성향이 있음을 깨닫게 됩니다.

작든지 크든지 관계없이 자신의 수고와 땀이 깃들인 것에는 항상 애착이 가는 것이 인지상정(人之常情)인가 봅니다.

하나님을 생각했습니다. 그리고 교회를 생각해 봅니다. 그분의 작품인 교회를 생각해 봅니다. 그분의 수고와 땀과 정성을 생각해 봅니다. 지극히 인간적인 생각일지 모르겠습니다만 교회는 그분의 수고와 땀과 정성이 깃들여져 있다는 생각이 듭니다. 아니 그분의 몸 자체라고 생각합니다.

작든 크든, 못나든 잘나든, 그분에게 모두가 아끼고 사랑스러울 것이라는 생각이 듭니다. 촌장(村場)에 가면 작은 것이든 큰 것이든 자신의 것에 대한 소중함을 배울 수 있습니다.

시험

미진이가 수요일에 수능시험을 쳤습니다. 시험이라는 것은 항상 사람을 주눅 들게 하고 초조하게 합니다. 시험을 치는 당사자들보다 그 시험이 갖는 중요도 때문에 가족들이 더 초조해하고 힘들어하는 것 같습니다.

시험을 마치고 나오는 미진이를 만나기 위해 4시경에 고사장 앞에 차를 세워 놓고 기다리고 있었습니다. 그런데 마중 나온 아버지들의 모습이 하나같이 똑같았습니다. 말쑥하게 정장 차림을 하고 나온 아버지들이나 평상복 차림의 아버지들이나 모두 굳고 초조한 얼굴로 연방 담배를 피우고 있었습니다.

그날 그곳에서 피워 없앤 담뱃값만 계산해도 제법 되겠

다고 생각했습니다. 그러한 분위기 때문인지 괜히 저까지 초조해졌습니다. 그래서 영빈이랑 바나나 우유와 소시지를 사서 마음을 달랬습니다. 그리고는 새삼 '시험'이라는 것이 인간의 삶에 많은 전환점을 만든다고 생각했습니다.

이번 시험을 잘 친 학생들은 아마도 좋은 대학에 갈 수 있을 것입니다. 그러나 그렇지 못한 학생들은 어쩌면 바로 사회생활로 들어서야 할지도 모릅니다. '시험'이라는 것이 한 사람의 인생을 이렇게 크게 갈라놓을 수 있구나 생각했습니다.

특히 학벌 중심의 문화를 가진 사회일수록 그 차이가 훨씬 심각할 것이란 생각이 듭니다. 부모들의 초조함이라는 것이 결국은 자식의 인생에 대한 초조감이라고 생각됩니다.

대부분의 그리스도인 부모들도 다르지 않을 것입니다. 입시 전주(前週) 금요일에 많은 교회가 입시생을 위한 기도회를 한다고 광고를 하고, 또 많이들 교회에서 기도합니다.

어떤 부모가 자식이 고생스럽게 사는 것을 좋아하겠습니까. 그러나 고생스럽거나 그렇지 아니하거나의 기준이 물질적일 때 항상 문제가 있습니다. 그리스도인 가정은 자녀가 대학에 가든 그렇지 못하든 그것은 행복과 불행을 결정

짓는 것이 아님을 잘 알아야 합니다. 대학에 가도 좋고 그렇지 않아도 좋아야 합니다.

정말 그리스도인 부모들이 걱정하며 중요하게 생각해야 할 것은 자녀의 신앙입니다. 레위기 20:9에 보면, 아버지나 어머니를 저주하는 자식을 반드시 죽여야 한다고 했습니다. 그것은 부모로부터 하나님의 언약의 말씀이 그 가정 속에 대대로 전수되기 때문에 그러합니다.

마찬가지로 레위기 20장에는 부모가 그 자식을 우상에게 내어줄 경우에도 그 부모를 돌로 쳐 죽여야 한다고 했습니다. 어쩌면 너무나 무서운 심판의 선언으로 보입니다. 그만큼 하나님께서는 그 백성의 삶이 어떤 모습이어야 하는가를 중요하게 여기십니다.

시험 철을 보내면서 여러 생각에 잠깁니다. 교회들이 학력과 직장, 곧 그 사람의 외부적 조건으로 사람을 판단하고 있지 않은지 자문해 봅니다. 이 땅의 청소년들이 단 하나의 잣대로 평가되는 그런 불행이 없었으면 좋겠습니다.

이 땅의 교회들이 실업계 고등학생들과 인문계 고등학생들을 비교하지 않고, 대학에 간 친구들과 그렇지 못한 친구들을 비교하는 그런 어리석음을 이제는 그만두었으면 좋겠다는 생각을 오래오래 해봅니다. 바라기는 자녀 문제로 그 부모들이 노심초사 교회의 다른 교우들의 눈치를 살피는 슬픈 모습도 사라졌으면 좋겠습니다.

영빈이의 항변

며칠 전 저녁 식사 시간이었습니다. 몇 가지 반찬을 가지런히 놓고 막 식사를 시작했습니다. 영빈이가 갑자기 "엄마는 형아만 좋아하고."라고 했습니다. 식사를 시작하는 마당에 갑자기 나온 영빈이의 말이라 아내와 저는 어리둥절한 표정으로 영빈이를 보았습니다.

아내는 웃으면서 영빈이에게 "영빈아, 왜 그렇게 생각해?"라고 물었습니다. 그러자 영빈이의 대답은 참으로 황당했습니다. "형아 자리에 맛있는 반찬 놔두니까." 아내와 저는 한참을 웃었습니다.

영빈이의 투정 아닌 투정은 다른 경우에도 종종 나타납니다. 엄마가 형의 공부를 도와주기 위해 옆에 앉아 있으면 자기도 공부하고 싶다고 큰 소리로 말하거나 아니면 별로 궁금하지도 않은 것들을 가지고 와서 자꾸만 질문하기도 합니다. 그러다가 아내가 조금 소홀하게 대하거나 무심하게 대답하면 십중팔구 짜증을 내고 토라져 버립니다.

엄마가 맛있는 반찬을 어디 주로 놓느냐, 자기에게 공부를 잘 가르쳐 주느냐, 자신의 질문에 늘 친절하게 대답해 주느냐 하는 것이 자신이 사랑받고 있는지를 확인하는 영빈이의 수단이라는 것을 누구나 알 수 있습니다. 두세 살의 아이에게 동생이 생겼을 때, 부모 몰래 큰아이가 동생을 구박하는 것도 동생이 미워서가 아니라 부모에게 사랑받고 싶다는 한 표현입니다. 무엇인가 엄마의 손길이 바뀌었다는 것을 민감하게 알아차리는 것입니다.

어른들의 편에서 본다면 모두 다 크게 중요한 것들이 아닐 수도 있습니다. 성인은 반찬이 놓이는 위치나 가족들이 자신에게 관심을 두고 시간을 내어 같이 시간을 보낸다거나 하는 것들로 가족 간의 사랑을 가늠하지 않습니다.

어린아이이기 때문에 갖는 생각들은 어른들에게는 유치한 것입니다. 하지만, 당사자인 아이에게는 그것이 어쩌면 아주 심각한 문제일 것입니다. 저 역시 어릴 적 좋지 않은 경험이 있습니다. 친척들이 모두 모여 함께 교제를 하는 중에 집안 어른들이 "너 주워온 아이다."라고 한 것입니다. 처음에는 그것이 장난인 줄 알고 아무렇지 않다가 계속해서 어른들이 놀려대는 바람에 정말로 진짜 엄마를 찾아가야겠다고 나서기도 했던 참 우스운 이야기입니다.

부모가 자기를 사랑하고 있는 것은 너무나 자명한 사실임에도 자신의 가치에 의한 판단과 생각으로 무엇인가를 결정하는 그 자세. 그것이 바로 아이의 특징입니다. 가정에서 일어나는 이런 사소한 것들이 교회 속에서도 여전히 일어납니다.

어린 성도들은 모든 문제를 자기중심적으로 해석하고 판단하기를 좋아합니다. 자신이 이해하고 있는 범위에서 사물을 해석하려고 합니다. 하나님의 말씀에 비추어 보았을 때 큰 가치가 없음에도 그것이 대단한 가치를 지닌 것처럼 생각하고 그것을 중심으로 자꾸만 움직이려 합니다.

돈이 중요하게 보이면 늘 돈을 따라 움직입니다. 사람이 중요하게 보이면 사람을 따라 움직입니다. 직장이 중요하게 보이면 또 그것을 따라 움직입니다. 그래서 시간이 흐름에 따라 자신의 가치 기준에 무엇이 더 중요한가를 생각하고 그렇게 살아가는 것입니다. 심지어 그 흐름의 한쪽 면에 '교회'를 두기도 합니다. 어제 나에게 친구가 중요하였듯이 오늘 나에게 교회가 중요하다고 합니다. 교회도 내 가치의 중요도에 지나가는 한 과정으로 여깁니다.

교회와 더불어 사는 삶도 마찬가지입니다. 조금만 자신에게 관심을 두지 않으면 "우리 교회는 사랑이 없다."라고 했다가 "우리 교회는 열정도 없다."라고 합니다. 생각의 중심에 항상 '나'가 있습니다. 우리 성도들은 이런 어린아이의 모습을 하고 있지는 않은지 자신을 꼼꼼히 살펴볼 수 있기를 바랍니다.

오염

지난 8월, 여름이 다 가고 아침저녁으로 가을바람이 불어올 즈음에 울릉도에 갔을 때였습니다. 숙식을 제공해준 황 목사님의 안내로 가까운 여러 곳을 다니며 대화도 하고 산책도 하며 즐겁게 지냈습니다.

그러던 중 울릉도에서는 유명한 '나리분지'를 구경하게 되었습니다. 이름에서 알 수 있듯이 '나리'는 지명이고 '분지'는 산으로 둘러싸인 지역의 형태를 나타내는 말입니다.

봉고차를 타고 그리 높지 않은 산을 구불구불 돌아올라가다가 드디어 정상에 도달해 아래에 펼쳐진 넓은 들판을 보니 '좁은 울릉도에도 이런 곳이 있었구나!' 감탄을 자아냈습니다. 그러나 감동도 잠시, 분지 한쪽에 마을을 이루는 몇몇 집들은 한적한 농촌에 지어 놓은 별장 같았고 더구나 그 집들은 'OO삼계탕', 'OO음식점', 'OO민박'이라는 간판들에 둘러싸여 있었습니다.

더 황당한 것은 군인들이 상주하는 부대가 분지의 한쪽 면을 완전히 장악하고 있었습니다. 그나마 다행히 부대 옆으로 울창한 숲이 분지의 체면을 세우고 있었습니다.

저와 황 목사님은 한 시간 남짓 그 숲을 산책하며 이런 저런 이야기를 나누었습니다. 한참을 걷고 있는데 택시 한 대가 숲 속에 나있는 그리 넓지 않은 길로 획 지나갑니다. 참 어이가 없었습니다. 이런 좋은 숲을 택시를 타고 지나가다니. 낭만도 없는 사람들이라고 한참 동안 흉을 보았습니다.

그래도 관광철이 거의 끝이 나서 한산하다고 동행한 목사님께서 위로해주셨습니다. 몇 분 뒤 조용해진 숲을 거닐고 있자니 앞 숲에서 '후다닥' 새가 날아가는 소리가 들리는가 하면 이름을 알 수 없는 나무 열매들이 군데군데 자태를 드러내고 있었습니다.

우거진 숲 때문에 햇빛을 쬘 수 없어 갑자기 추운 느낌이 들다가 점점 차가워졌습니다. '신령수'라는 약수터까지 갔다가 돌아오는 길에 숲 속을 자세히 살필 수 있었습니다.

이곳저곳에 쓰레기들이 뒹굴고 있었습니다.

사람들의 발길이 잦아지면서 생긴 현상이라고 합니다. 아직까지는 자연이 자정 능력이 있어서 잘 견디고 있다고 합니다. 하지만, 한두 해 여름을 지나고 나면 신비의 섬 울릉도는 몸살을 앓을 것이 자명합니다. 지혜롭지 못한 관광객들의 행동이 아름다움을 추하게 만들고 있다는 생각이 내내 들었습니다.

교회는 아름답고 깨끗한 곳입니다. 또한, 신비로운 곳이기도 합니다. 세상 사람들의 눈으로 볼 때 교회는 미지의 세상이요, 참으로 이해할 수 없는 모임입니다. 그러나 이 아름다운 곳도 점점 세상의 언어와 사고, 철학이 들어오기 시작하면 서서히 그 자정 능력을 상실하기 시작합니다.

교회가 속화되는 첫 번째 단계는 '무감각'입니다. 무엇이 옳은지 그른지, 어떤 일로 웃어야 하고 울어야 할지, 어떤 문제로 화를 내고 참아야 할지를 알지 못하는 것입니다. 결국은 속화의 거대한 힘 앞에 무릎을 꿇고 마는 것입니다.

자정 능력이 사라지기 전에 잘못된 부분은 단호히 고쳐야겠습니다. 하나님께서는 교회 가운데 그러한 능력을 주실 것입니다. 교회는 주님의 것이니까요.

월드컵과 성도

세계를 떠들썩하게 했던 월드컵도 이번 주일을 맞아 끝을 맺습니다. 5월 31일에 시작된 경기가 약 한 달간의 열띤 응원과 선수들의 선전으로 마지막을 눈앞에 두고 있습니다. 월드컵이 처음 시작될 때 제창되었던 스포츠 정신은 이제 자본주의와 손을 잡고 무엇이든 돈으로 계산하는 시대가 되었습니다. 심지어는 선수의 가치가 "저 선수 이적료가 얼마래?"라는 한 단어로 집약되어 버리기까지 합니다.

이번 한일(韓日) 월드컵은 월드컵 역사에서 처음으로 두 나라 공동개최라는 큰 특징과 강력한 우승 후보들의 탈락, 아시아와 아프리카 축구의 놀랄만한 진보가 더해져 축구광들을 즐겁게 하였습니다. 또한, 우리 한국인들의 열정적인 응원 문화는 연일 세계 매스컴의 취재 대상이었고 세계인들의 눈을 놀라게 했습니다.

한국교회도 대부분 그 분위기에 동참한 듯합니다. 서울에서 모인 부활절 연합예배에서의 월드컵 성공 기도와 우리나라가 이번 대회에서 몇 강에 들 것이라는 설교는 오늘날 교회의 저급함을 단적으로 드러낸 것이었습니다. 저녁 9시 각 방송사의 메인 뉴스에는 절에서 행해진 스님들의 응원과 나란히 교회의 예배당에서 행해진 응원을 내보내기도 했습니다.

축구가 온 나라를 한 공동체로 만들 수 있는 요술방망이가 된 듯한 느낌입니다. 울고, 웃고, 환호성을 지르고, 모르는 사람이 함께 부둥켜안고, 목소리를 높여 같이 노래하고, 그리고 '대~한 민국 짝짝 짝 짝짝!' 학생들은 수업을 쉬고, 직장인들은 일손을 멈추고…. 심지어 우리나라의 경기가 있는 날이면 모두 관람과 응원을 하러 간 까닭에 평소에 붐볐던 도시의 거리가 적막에 휩싸였다고도 합니다.

50만으로 시작된 거리의 응원 인파는 250만을 넘어 급기야는 약 500만이 되었다는 보도가 나왔습니다. 500만이라는 숫자는 가히 엄청난 숫자입니다. 지난번 우리 교회를 방문한 산나(Sanna) 자매의 나라인 핀란드의 인구가 약 500만입니다. 한 나라 국민 전체가 거리로 쏟아져 나온 것입니다.

많은 사람이 그렇게 열광하는 중에도 우리 주위에는 여전히 죽음과 사투를 벌이며 병원에서 한 시간 한 시간을 보내는 분들이 있는가 하면, 아프리카의 어느 나라에서는 천진한 아이들이 굶주림으로 죽어가고 있고 탈북 난민들은 어떻게 하면 자유와 기회의 땅으로 갈 것인가를 고민하며 숨죽여 기회를 엿보고 있습니다.

뜨거운 월드컵 열기 속에 자칫 고통당하고 소외된 사람들이 있다는 것을 잊고 있다면 그것은 참으로 슬픈 일입니다. 더구나 그리스도인으로서 이 세상을 살아가는 교회에게는 더더욱 주의를 기울일 일입니다.

어쩌면 자신을 열광적인 월드컵 분위기에서 한 걸음 비켜 세워 놓는 것도 유익하리라 봅니다. 누가 이기는 것이 중요한 것이 아니라 어느 쪽이 이기든 우리에게 주어진 우리의 삶을 살아가는 것이 훨씬 중요합니다. 더구나 온 나라가 한쪽으로만 달려갈 때, 그 반대편에 있는 또 다른 사람들을 생각하는 자세는 성도들에게 있어서 꼭 필요한 자세입니다.

우리는 대중매체들이 월드컵이 우리를 하나로 만들었다

고 하는 그 감격의 외침에 마냥 동조할 수 없다는 사실을 기억해야 합니다. 우리를 하나로 만들 수 있는 유일한 길은 오직 예수 그리스도의 십자가밖에 없다는 사실을 우리는 다시 한 번 잘 되새겨 보아야 합니다.

그리스도의 십자가가 없는 세상은 여전히 경쟁과 투쟁, 분열과 독선만이 자리하고 있습니다. 진정한 하나는 남을 나보다 낮게 여기고 그리스도께서 우리에게 보여주신 섬김과 헌신의 모습 가운데서만 발견될 수 있는 것입니다.

온 나라가 월드컵으로 시끄러운 분위기에 있지만 우리 성도들은 오히려 자신을 살펴 신실한 하나님의 사람들로 성숙하는 계기가 되기를 바랍니다. 우리의 즐거움 뒤편에는 고통당하는 우리의 이웃이 있다는 사실을 잊지 말고, 진정한 하나는 그리스도의 십자가 안에서 이루어짐을 생각하며 각자 다른 성도들에게 관심을 두는 자세를 가집시다.

자신을 돌아봄

명상을 통하여 자신을 돌아보는 것은 종교인들이 아니라도 누구나 하는 일입니다. 명상은 각박하고 스트레스 탓에 힘들어하는 도시인들이 좋아하는 취미 중 하나입니다. 그래서 어떤 종교는 명상을 이용해서 자신들의 목적을 이루려고 합니다.

명상과는 다른 개념이지만 모든 사람은 자기를 돌아보고 반성하는 능력을 갖추고 있습니다. 이것은 모든 인류에게 유익한 것입니다. 하지만, 그 돌아봄이라는 것에는 질적인 차이가 있습니다. 그리스도인들의 돌아봄과 비그리스도인들의 돌아봄에는 근본적인 차이가 있습니다.

그리스도인들에게 있어서 돌아봄이라는 것은 철저하게

말씀이 기준이 되지만 비그리스도인들에게 있어서 돌아봄은 상황에 따라 그 기준이 달라지는 것입니다. 그리스도인들은 돌아봄의 의미를 잘 새길 때에 훌륭한 하늘나라의 백성이 될 수 있습니다.

복음을 깨달은 사람에게 가장 먼저 나타나는 현상이 바로 '돌아봄을 통한 가치관의 변화'입니다. 즉 자신을 살피게 된다고 말할 수 있습니다. 단순히 자신의 모습을 살피는 것이 아니라 자신의 사고 전체를 다시 반추하게 됩니다. 모든 것을 새롭게 재구성하는 것입니다. 여기에 그리스도인들의 매력이 있습니다.

이 돌아봄은 그리스도인들로 하여금 자기를 온전하게 발견하게 하며 나아가 하나님 나라에 전적으로 헌신하게 하는 중요한 요인이 됩니다. 이 돌아봄을 통하여 전에는 좋아 보이던 것이 이제는 별로 흥미를 느낄 수 없는 것으로 변화됩니다.

좋은 학벌을 갖춘 사람을 보면 부럽고 닮아가고 싶었는데, 이제는 그것이 별로 눈에 들어오지 않는 것입니다. 넉넉한 용돈으로 친구들의 간식을 책임지던 친구를 보면서 참 많이 부러워했는데 이제는 그것이 오히려 안타까움으로 다가옵니다. 그 친구의 영혼에 대한 관심이 더 크게 가슴에 느껴지는 것입니다.

　이렇게 바뀌어 가는 가치관은 사람을 새롭게 만들어 놓습니다. 새로운 피조물이 됩니다. 주후 386년 폰티키아누스의 방문을 받고 그와 대화하는 중 회심을 경험한 성 어거스틴의 고백은 참으로 감동적입니다. 그는 복음이 어떻게 사람으로 하여금 자신을 보게 하는지 분명하게 이해한 사람입니다.

"내가 그의 말을 듣던 중에 주님은 나를 돌이키시어 나 자신을 바라보도록 하셨습니다. 나는 나 자신을 돌아보려 하지 않았는데도 주님은 나를 돌이키시어 내 모습을 똑바로 바라보도록 하셨습니다. 그래서 나 자신을 볼 수 있었습니다. 나의 모습은 이지러지고 더러우며 구정물과 썩은 고름으로 가득 찼고 순간 온몸이 전율을 느꼈습니다. 주님은 나를 돌이켜 스스로 내 모습을 보게 하셨고 나를 내 눈 속으로 밀어 넣어 내 죄를 인식시키고 미워하게 하셨습니다. 나는 그것을 알았지만, 일부러 주목하지 않고 외면하려 하였습니다."

　인간은 항상 자신의 모습을 과대 포장하고 자기 합리화를 즐기는 존재입니다. 그러나 우리 주님의 복음은 항상 사람으로 하여금 자신을 보게 합니다. 이것은 축복입니다. 자신을 돌아봄. 이것은 주님이 우리에게 주신 은혜입니다.

바울 사도는 갈라디아 교회의 성도들에게 "형제들아 사람이 만일 무슨 범죄한 일이 드러나거든 신령한 너희는 온유한 심령으로 그러한 자를 바로잡고 네 자신을 돌아보아 너도 시험을 받을까 두려워하라"라고 했습니다.

"네 자신을 돌아보아" 자신을 돌아볼 줄 아는 성도. 이런 성도들이 그리운 시대에 우리는 살아가고 있습니다. 갈등과 불평과 시기의 모든 원인을 상대방에게 돌리려는 영악한 인간들에게 하나님은 '너 자신을 돌아보라'고 하십니다.